U0930743

# 部省合建工作典型案例汇编

部省合建工作专项研究课题组 / 编

图书在版编目（CIP）数据

部省合建工作典型案例汇编 / 部省合建工作专项研究课题组编. -- 贵阳 : 贵州大学出版社, 2023.9
ISBN 978-7-5691-0790-6

Ⅰ. ①部… Ⅱ. ①部… Ⅲ. ①高等学校－发展－案例－汇编－中国 Ⅳ. ①G649.21

中国国家版本馆CIP数据核字（2023）第186430号

BU-SHENG HEJIAN GONGZUO DIANXING ANLI HUIBIAN

# 部省合建工作典型案例汇编

编　　者：部省合建工作专项研究课题组

出 版 人：闵　军
责任编辑：高佩佩
装帧设计：陈　艺　方国进

出版发行：贵州大学出版社有限责任公司
地址：贵阳市花溪区贵州大学东校区出版大楼
邮编：550025　电话：0851-88291180
印　　刷：深圳市和谐印刷有限公司
开　　本：720毫米×1000毫米　1/16
印　　张：15.75
字　　数：238千字
版　　次：2023年9月第1版
印　　次：2023年9月第1次印刷

书　　号：ISBN 978-7-5691-0790-6
定　　价：80.00元

# 前 言

部省合建工作启动五年多来，教育部会同国家发展和改革委员会、财政部，按照“部省合建高校与部直属高校同等对待”的原则，全面推进部省（区、兵）合建云南大学、南昌大学、郑州大学、山西大学、贵州大学、海南大学、石河子大学、青海大学、新疆大学、广西大学、内蒙古大学、宁夏大学、西藏大学、河北大学相关工作。经过持续推进，部省合建四方联动机制效果凸显，溢出效应突出，部省合建金字招牌获得广泛认可。14 所部省合建高校教学水平显著提升，平台建设取得重大突破，社会服务能力稳步增强，在引领区域高等教育高质量发展、带动中西部高等教育振兴中发挥了更为积极的示范作用。

为深入学习贯彻党的二十大精神，全面贯彻落实 2022 年度部省合建工作会议精神，深入挖掘部省合建工作典型经验，14 所部省合建高校基于办学实际，按照显著性、创新性、示范性的原则，围绕对接国家重大战略、建设大型设施平台、服务地方主导产业、提升人才培养质量、深化人才队伍建设、推进重大科技攻关、增强改革发展动能等 7 个类别凝练突出成效和创新举措，全面反映近年来部省合建各高校的建设与发展情况，为推进部省合建工作向纵深发展提供新鲜经验和有益参考。

# 目　录

## 第一部分　对接国家重大战略



## 第二部分　建设大型设施平台

## 第三部分　服务地方主导产业



## 第四部分　提升人才培养质量



## 第五部分　深化人才队伍建设

## 第六部分 推进重大科技攻关



## 第七部分 增强改革发展动能

# 第一部分

# 对接国家重大战略

云南大学：全面服务铸牢中华民族共同体意识

海南大学：以国家战略需求为导向，深度服务南繁科技、种业创新和热带高效农业

青海大学：生态学学科服务国家生态文明高地建设

青海大学：盐湖化工学科群服务世界级盐湖产业基地建设

广西大学：建设特色鲜明的海洋学科，维护南海岛礁生态安全

内蒙古大学：建好铸牢中华民族共同体意识研究培育基地，服务党和国家民族工作大局

西藏大学：聚焦第三极生态保护，服务国家安全屏障

河北大学：聚焦白洋淀生态治理，服务国家重大战略

# 全面服务铸牢中华民族共同体意识

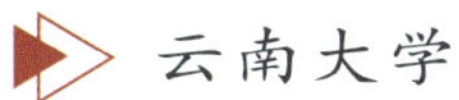

云南大学

图1　民族学专业“影像技术实践”课程在晋宁福安村进行田野拍摄实践暨社区服务活动

## 一、工作背景

铸牢中华民族共同体意识，是实现中华民族伟大复兴的战略性工程。云南大学贯彻落实党中央和云南省委、省政府的决策部署和要求，以服务铸牢中华民族共同体意识和云南民族团结进步示范区建设为主线，充分发挥学科、学术和人才优势，率先制定实施《云南大学铸牢中华民族共同体意识行动计划》，取得明显成效。

## 二、工作内容

为全面服务铸牢中华民族共同体意识和云南民族团结进步示范区建设，2019年12月，云南大学制定实施《云南大学铸牢中华民族共同体意识行动计划》，是高校中率先制定“铸牢中华民族共同体意识行动计划”的学校，走在全国高校前列。聚焦铸牢中华民族共同体意识，云南大学在知识创新、人才培养、智库建设等方面扎实推进。

### （一）知识创新

云南大学以推动中国特色民族学知识体系创新为突破点，围绕坚持党的领导、实现现代化、构建各民族共有精神家园、促进各民族交往交流交融、依法治理民族事务等重要问题进行经验总结和实践创新、理论创新和方法创新，取得了一批标志性成果，在人民出版社等出版系列高质量著作，为铸牢中华民族共同体意识贡献云大智慧。

### （二）人才培养

围绕铸牢中华民族共同体意识、中华民族理论、中华民族与中国式现代化建设、边疆治理体系和治理能力现代化等方面，每年为国家和地方培养、输送高层次专业人才，为深化民族团结进步教育事业、铸牢中华民族共同体意识提供强有力的人才支撑。

（三）智库建设

紧扣“中华民族一家亲、同心共筑中国梦”，对强化民族交往交流交融、增进民族团结进步、促进边疆各民族繁荣、边疆治理现代化等开展战略性、应用性和对策性研究；与云南文山州、迪庆州、怒江州等共建铸牢中华民族共同体意识研究中心（基地）；举办铸牢中华民族共同体意识高层论坛，并将论坛打造成为集理论创新、成果宣传、合作交流于一体的智库论坛，讲好中国故事、传播中国经验、发出中国声音。

## 三、突出成效

（一）知识创新

依托民族学一流学科建设，开展新时代中国特色民族学知识体系创新，在《中国社会科学》《民族研究》《政治学研究》等刊物发表一批高水平论文；出版《马克思主义民族理论及其中国化研究》等著作，为构建具有中国特色的民族学学科体系、学术体系、话语体系做出贡献。

（二）人才培养

立足国家需要、国际视野、时代要求，发挥民族学学科优势，形成本一硕一博完整的培养体系，编写《中国民族史》《人类学概论》两部马克思主义理论研究和建设工程（“马工程”）教材，“民族教育教材与管理政策研究中心”获准成为首批国家教材重点研究基地之一；建成“中国少数民族文化”“文化人类学”等一批国家精品课程；拥有以3位长江学者特聘教授为代表的实力雄厚的师资队伍。

（三）智库建设

以铸牢中华民族共同体意识为主线，深化民族团结进步示范区调查研究，先后建成中央四部委铸牢中华民族共同体意识研究基地、教育部哲学社会科学实验室，云南大学科研人员撰写的4篇决策咨询报告获中央主要领导批示，8篇报告被其他党和国家领导人肯定性批示。

（四）社会服务

2022 年 10 月，全面启动“中国乡村社会大调查（以云南为调查蓝本）”，对云南的 42 个县区进行深入调查，将形成调查丛书、系列专著、研究报告和乡村振兴典型案例库等成果；服务“一带一路”建设，积极开展海外民族志研究，出版《国家边缘：缅甸那多新寨的民族志》《民族的渴望：缅北怒人的族群建构》等“东南亚民族志丛书”和《东南亚民族及其社会文化》等高水平著作。

图 2　在云南省腾冲市司莫拉村开展调查

## 四、经验启示

（一）坚持构建自主知识体系

云南大学立足边疆，把云南区位优势和民族文化多样性优势转化为学术优势，开展原创性研究，解释中国现象，解决中国问题，努力为构建中国特色哲学社会科学“三大体系”贡献力量。

## （二）坚持一流学科建设为牵引

围绕铸牢中华民族共同体意识，云南大学以民族学一流学科建设为牵引，依托民族学与社会学学院、民族政治研究院等机构，整合学校资源，创新体制机制，在学科建设、人才培养、科学研究、智库建设和国际合作等方面，推动铸牢中华民族共同体意识。

## （三）坚持问题导向

问题是时代的先声，民族学学科建设和民族学学者要取得突破，必须积极回应人民关切。坚持问题导向，需要研究真问题，解决真问题，关注铸牢中华民族共同体意识和云南民族团结进步示范区建设的重点难点问题，为人民著书立说，为时代著书立说，解决国家所需、时代所需、人民所需，将论文写在中国大地上。

下一步，云南大学将认真贯彻落实党中央和云南省委、省政府铸牢中华民族共同体意识的决策部署，始终坚持“在云南，不谋民族工作就不足以谋全局”的指导思想和“各民族都是一家人，一家人都要过上好日子”的信念，以一流学科全面服务铸牢中华民族共同体意识和云南民族团结进步示范区建设。

图 3 社会工作专业学生赴怒江搬迁安置社区和谐社区开展社区文明实践服务活动

# 以国家战略需求为导向，深度服务南繁科技、种业创新和热带高效农业

海南大学

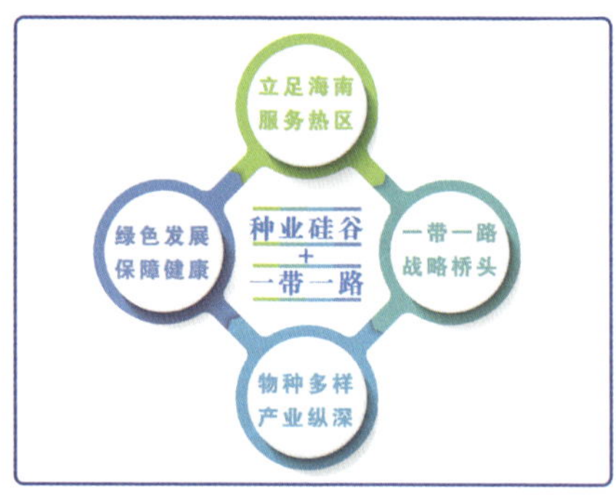

图4　海南大学主动服务国家“一带一路”倡议，打造大型系列研究设施

## 一、工作背景

2018 年 4 月 13 日，习近平总书记在庆祝海南建省办经济特区 30 周年大会上指出“要支持海南大学创建世界一流学科”。习近平总书记的重要讲话为海南大学事业发展提供了强大思想武器，擘画了美好蓝图和行动方案，意义重大，影响深远。坚持为人民服务、为国家战略服务、为改革开放服务、为海南地方经济社会发展服务，是海南大学不变的初心和永恒的追求。海南大学始终以“扎根海南、服务国家”的价值导向引领学校各个方面的工作，主动利用海南自然资源优势、政策优势和场景优势，探索“发展科技第一生产力、培养人才第一资源、增强创新第一动力”融合发展的新途径，着力构建高质量人才培养体系、高质量科研创新体系、高质量开放体系，当好海南全面深化改革开放和中国特色自由贸易港建设中的参与者、参谋部、孵化器和后备队。

## 二、工作内容

海南大学深度服务南繁科技、天然橡胶、种业创新国家战略和热带高效农业，服务国家“一带一路”倡议，聚焦“南繁硅谷”建设和国家“种业”创新链需求，在热区、南繁及“一带一路”国家推广橡胶新品种和新技术、耐盐品种和抗盐剂、南繁精准育种技术服务等方面做出重要贡献，有力推动区域经济社会发展。把中国人的饭碗牢牢端在自己手中，海南大学在持续为种业科技自立自强、种源自主可控和国家粮食安全做出独到贡献。

积极参与包括崖州湾国家实验室、国家精准设计育种中心、国家耐盐碱水稻技术创新中心、国家种子资源库、热带农业生物代谢组分析中心、南繁育种科技服务中心、海南省崖州湾种子实验室、国家植物品种测试中心（三亚）等种业重大平台项目的建设。推动建设热带作物、天然橡胶工程国家重点实验室。依托“南繁硅谷”建设，建立服务技术标准与平台，为国家种业安全和粮食安全提供可靠性高的科学支撑；依托农业生物多维组学平台，服务于国家粮食安全重大战略；依托三亚南繁研究院水稻育种基地，将水稻育种基地建设成为国内最高水平并具有广泛国际影响的水稻科技创新中心、人才培养高地；依托南繁公共试验基地建设，为全国“南繁”研究事业提供世界一流的一站式、一体化服务。

藏粮于技，针对盐碱地开发利用，开展农作物耐盐碱机理及产业化应用研究，突破耐盐水稻生物育种，积极创建耐盐碱水稻良种、良法配套技术体系，在海南沿海、南海岛礁、新疆及越南和乌兹别克斯坦等国家及地区大面积推广并取得明显经济和社会效益。

围绕热带高效农业和海南“三棵树”(椰子树、橡胶树、槟榔树)，成立天然橡胶、“南繁”、油茶、诺丽、槟榔和耕地质量保育等技术服务团队和产业联盟，服务于国家南繁、天然橡胶战略和热带高效农业，援助指导柬埔寨、越南、利比里亚、埃塞俄比亚、斯里兰卡等“一带一路”沿线国家热带作物栽培、农产品加工、动植物育种、水产养殖、病虫害防治等技术。

合作建立南繁科研育种技术服务平台，每年为在海南从事南繁的企事业单位提供 4 万份品种纯度检测服务及 5 万亩病虫害统防统治技术。在全国植胶区积极推广橡胶树新品种、橡胶树病虫害监测及绿色防控技术，产生了显著的经济效益与生态效益。主动响应国家“一带一路”倡议，相关成果辐射到越南、乌兹别克斯坦等“一带一路”沿线国家。

努力提升海南大学国际影响力和竞争力，《面向“一带一路”国家的作物学国际研究生培养项目》顺利入选“丝绸之路”中国政府奖学金项目，在柬埔寨皇家农业大学成立海南大学—柬埔寨皇家农业大学汉语中心，联合建设热带农业绿色发展研究所，海南大学持续推进“深耕东南亚”教育合作。

智库引领，发挥中国工程科技发展战略海南研究院平台优势，聚集国内外人才，为海南热带绿色健康农业发展提供智力支持和解决方案，为热带绿色健康高效农业建言献策。

科教并举，“产业援建 + 智力帮扶”双举措助力脱贫攻坚和乡村振兴，打造科技扶贫亮点工程，打造全省脱贫攻坚与乡村振兴典型，为海南省打赢脱贫攻坚贡献海大智慧。

## 三、突出成效

海南大学整体学科建设水平显著提高，服务国家南繁、天然橡胶、种业战略和海南地方经济社会发展能力快速提升。首批 53 名科研人员加入崖州湾种子实验室，增强国家战略科技力量。打造大型系列研究设施，热带作物代谢生物学、天然橡胶及木薯基础生物学等达到国际并跑或领跑水平。建设世界领先的基因组、代谢组、表型组精准鉴定和大数据挖掘等融为一体的热带作物精准种业创新研究设施。与三亚市人民政府共建海南大学三亚南繁研究院，新建 46000 余平方米南繁种业科技众创中心大楼和 3500 余亩科研试验基地，主动服务“南繁科技”国家重大战略。

热带作物国家重点实验室（筹）获国家发改委立项建设，投资 2.7 亿元。新增天然橡胶省部共建协同创新中心、热带农林生物灾害绿色防控教育部重点实验室、热带特色林木花卉遗传与种质创新教育部重点实验室等省部级科技创新平台 3 个；新增热带作物绿色健康生产理论与技术引智创新基地（即 111 引智基地），实现零的突破。形成了以“国家重点实验室、省实验室、省级重点实验室”为架构的源头创新平台体系。育成 2 个豆科热带牧草品种，审定水稻 4 个品种，审定并转化速生、高产优质、适应性强的油茶良种 8 个，所选育品种推广面积超过 100 万亩。科技助力脱贫攻坚和乡村振兴成绩斐然，入选全省脱贫攻坚先进集体，定点帮扶村庄实现全村脱贫致富、收入连连翻番。海南大学扶贫项目“打造‘一村一品’特色兰花产业”荣获教育部第三届省属高校精准扶贫典型项目。

## 四、经验启示

要坚持以习近平新时代中国特色社会主义思想为指导，必须坚持“四个面向”，做到“四个服务”，牢牢把握内涵式、高质量发展的工作主线，心怀“国之大者”、培育“国之大才”、担当“国之大用”。

要坚持以国家重大战略需求为牵引，全面落实“扎根地方，服务国家”这条主线，发挥优势、拉高标杆、找准定位，强化一流担当、打造一流科研、培育一流人才、做出一流贡献。

要瞄准前沿优化布局，高起点布局支撑原始创新、核心技术攻关和可持续发展能力的基础与前沿交叉学科专业，建强人才培养体系。

要以钉钉子精神推进“双一流”建设，加快创新链、产业链和人才链深度融合，把发展科技第一生产力、培养人才第一资源、增强创新第一动力更好结合起来，服务国家战略和地方经济社会发展。

# 生态学学科服务国家生态文明高地建设

青海大学

图5　2022年1月，青海大学举行青藏高原种质资源研究与利用实验室揭牌仪式

## 一、工作背景

2016 年 8 月，习近平总书记在青海考察时强调，“青海最大的价值在生态、最大的责任在生态、最大的潜力也在生态，必须把生态文明建设放在突出位置来抓”。2020 年 8 月，习近平总书记在中央第七次西藏工作座谈会上提出把青藏高原打造成为全国乃至国际生态文明高地的重大要求。青海省第十四次党代会提出保护好青海的生态环境是“国之大者”。青海大学以高度的政治责任感和使命感，深入学习贯彻落实习近平生态文明思想，聚焦国家生态文明高地建设战略，集全校之力打造高水平研究平台、构建人才引育良好环境、推动生态学学科群建设，在服务国家生态文明建设和助力青藏高原农牧业高质量发展方面做了大量工作，取得了显著成效。

## 二、工作内容

### （一）科学构建生态学学科体系

坚持立足青藏高原，突出生态保护核心地位，以三江源区生态、生产、生活的协调可持续发展为主攻方向，建设独具特色和不可替代的三江源生态学科群。聚焦国家和青海省有关生态环境保护重大战略和重大科学问题，开展高原生物多样性维持及环境适应机制、高原典型生态系统结构功能变化与修复、高原水文水资源与生态系统演变、生态经济与可持续发展、智慧生态管理领域研究，构建形成高原生态保护基础理论研究、应用基础研究和应用研究协同发展的学科体系。

### （二）加强重大科技创新平台建设

加强省部共建三江源生态与高原农牧业国家重点实验室、水利部江河源区水生态治理与保护重点实验室、黄河上游生态保护与高质量发展实验室等重大科研平台的建设。搭建三江源地区山水林田湖草冰沙全要素全覆盖的生态系统野外观测研究站，构建形成服务于生态学一流学科内涵发展的“实验室＋基地”的一体化科研教学平台。

（三）科技助力青藏高原生态修复

三江源生态演变与环境修复专家团队负责青海木里矿区 11 个矿坑中的 10 个矿坑的生态修复，遵循“近自然恢复”原则，采用“渣土筛分筛选 + 羊板粪 + 有机肥拌和”技术，选择乡土草种重建植被，实现矿区原位土壤改良和恢复植被植物群落与区域自然顶级植物群落的最大相似，最大限度恢复原有地形地貌。黑土滩综合治理技术研究团队从黑土滩（山）生态修复可用草种稀少的实际出发，致力于解决植被恢复的瓶颈问题，实现高寒草地生态—生产功能提升和草地生态畜牧业高质量发展。

（四）推进高原农作物种业技术创新

抢救性收集我省各类资源 870 份，目前保存青藏高原特色植物种质资源 4300 余份，优良牧草种质资源近 5000 份。积极推进青藏高原优异作物、牧草、家畜种质资源系统考察、精准鉴定及优异基因挖掘工作。开展新品种选育，建立高原作物主要性状的分子育种技术体系，显著提升育种效率和质量。

（五）加强高原农牧业技术研发和成果推广

研究集成土壤长效培肥、农田病虫草害绿色防控关键技术。开展农畜产品产地初加工，实施品质改良技术，实现高原特色农畜产品的多元化、高值化、健康化、标准化加工。组建市场化科技成果转化平台，探索“农科教联动、产学研结合、育繁推一体”的成果转化推广模式，建立“试验示范基地 + 科技小院 + 科技特派员 + 三区人才”的科技示范服务机制。

## 三、突出成效

在高原生态水文水资源方面，探索空中水资源开发利用，开展大数据驱动多过程耦合的流域水情预报关键技术及应用研究，成果应用于国网青海省电力公司发电量预测和电力外购计划制定。绘制的三江源地区生态环境脆弱性等级与生态风险图为三江源地区水源涵养和生态保护提供了科技支撑，发布的《三江源绿皮书》为三江源国家公园的建设和保护提供了数据基础。在该领域主持3项科技部重点研发计划项目。与清华大学、奥克兰大学合作完成的世界首部关于三江源生态领域的学术著作由Springer出版社出版。

在高寒退化草地生态治理方面，突破传统草地治理技术瓶颈，为高寒退化草地综合治理和矿区生态修复技术提供了技术遵循。在该领域主持4项科技部重点研发计划项目。“高原地区黑土滩植被修复技术”被纳入国家发展改革委等四部委编制的《绿色技术推广目录（2020）》，相关研究成果获国家科技进步二等奖。解决了遗弃地生态治理中的土壤重构、草种选择、种草技术流程等生态恢复瓶颈问题，木里矿区植被覆盖度达到90%左右，为木里矿区生态修复提供了重要技术支撑，复绿成效被中央电视台专访节目播报。

在种质资源保护和新品种选育方面，成功入选第一批国家农作物种质资源库（圃）名单，成为我国农作物种质资源保护体系中的重要组成部分。选育的青杂4号和青杂7号使我国甘蓝型春油菜种植区域的海拔上限提高了350米，平均单产提高了35%左右。选育的青薯9号实现了产量、广适性、抗病性三大突破，是国内马铃薯推广应用最广的品种。

在高原农牧业成果转化方面，近五年累计推广农作物新品种154个，覆盖青海省80%以上的农业区，面积超过1000万亩，助力实现我省粮油产量连续十四年保持在百万吨以上。牦牛藏羊质量安全可追溯规模超过400万头（只），牦牛藏羊产业集群总产值达267亿元。

## 四、经验启示

### （一）心怀国之大者，高度重视国家战略需求

青海大学贯彻落实党中央、国务院赋予青海“生态文明新高地”的战略定位和“打造绿色有机农畜产品输出地”的重大要求，心怀国之大者，面向三江源区

生态、生产、生活的协调可持续发展构建学科体系，立足生态保护、种业振兴行动、农业关键核心技术攻关等国家重大战略，显著提升服务国家生态文明建设和青藏高原高质量发展的能力，在三江源生态保护和国家公园群建设中提供了重要的智力和技术支撑。

### （二）立足资源禀赋，强化特色优势学科引领

依托青藏高原丰富的农牧业资源和独特的生态条件，突出优势，开发特色优质产品，将高原资源优势、生态优势转化为产业优势、创新优势。加强生态学学科建设，充分发挥三江源生态和高原农牧业国家重点实验室等高水平创新平台对高层次人才的引育作用，不断提升学科团队创新能力，推动学科平台和高端人才的相互促进、融合发展。

# 盐湖化工学科群服务世界级盐湖产业基地建设

青海大学

图6 2021年7月，青海大学召开盐湖产业大型系列研究设施平台建设论证会

## 一、工作背景

2016 年 8 月，习近平总书记在青海考察时指出，“盐湖资源是青海的第一大资源，也是全国的战略性资源”。2021 年 3 月，习近平总书记在参加十三届全国人大四次会议青海代表团审议时强调，“要结合青海优势和资源，贯彻创新驱动发展战略，加快建设世界级盐湖产业基地，打造国家清洁能源产业高地、国际生态旅游目的地、绿色有机农畜产品输出地，构建绿色低碳循环发展经济体系，建设体现本地特色的现代化经济体系”。综合开发利用盐湖资源，关系到我国粮食安全、国家未来资源接替，以及新材料和新能源等多个重要产业在全球的战略竞争力。2018 年以来，青海大学贯彻落实教育部部省合建工作要求，积极推进材料与化工学科群对接地方主导产业，联合省内外相关高校等科研力量，推进产教融合和创新示范，建设盐湖化工大型系列研究设施，着力解决盐湖产业和清洁能源产业的“卡脖子”问题，努力在世界级盐湖产业基地和国家清洁能源产业高地建设中提供科技和人才支撑。

## 二、工作内容

### （一）强化研究设施的顶层设计

编制完成青海大学《盐湖化工大型系列研究设施平台建设实施方案》，主要内容已纳入青海省人民政府、工业和信息化部印发的《青海建设世界级盐湖产业基地行动方案（2021—2035 年）》。该方案主要针对盐湖产业的重大需求，以高附加值产品开发为导向，以盐湖资源高值化利用基础研究为抓手，初步建设锂资源高效利用、镁资源高值利用、低品位钾高效提取、氯元素平衡利用、稀有元素提取等五个方向，依托平台和创新团队的建设，开展有组织的科学研究。

### （二）推进平台和团队建设

积极稳步推进“两平台一学院两中心”平台建设，即盐湖资源基础研究平台和盐湖资源综合利用工程化技术平台、现代盐湖产业学院、盐湖轻金属合金材料中心和盐湖资源化学与过程工程协同创新中心。引进高层次人才，着力提升盐湖化工研究水平，目前已形成了以盐湖资源综合利用原创性研究为先导，以突破盐湖化工、盐湖资源高值化材料、清洁能源高效利用研发关键技术为基础、以创造知识产权为目标的交叉创新团队。

图 7　2021 年 7 月，青海大学召开部省合建盐湖化工大型系列研究设施建设论证会，国内相关领域 10 位院士参会，会议由段雪院士主持

（三）加强产教融合协同创新

与国内外重点企业深度合作，先后承担了青海大学首个国际合作项目、国家重点研发计划、国家自然科学基金联合基金重点项目等一系列重大研发项目。在国家电网、三峡集团等单位的支持下，在校园内建成了国内高校中规模最大、设备最齐全、技术最先进的太阳能综合利用示范工程基地。承办“2022 盐湖资源开发与高原生态保护国际产学研用合作会议”，加强与兄弟院校和海内外专家学者合作，搭建区域和国际产学研用合作平台。

## 三、突出成效

### （一）团队建设取得显著成效

聘任北京化工大学段雪院士担任盐湖化工大型系列研究设施学术委员会主任。引进清华大学、北京化工大学、华东理工大学等对口支援高校专家学者 9 名。引进或培养学科学术带头人 8 人，其中，教育部长江学者 4 人和国家杰青 3 人。引进的首席科学家 2 人入选青海省首批“帅才科学家”专家库。1 个团队入选“全国高校黄大年式教师团队”，储能科学与工程教学名师工作室入选“昆仑英才教学名师”工作室。盐湖资源化学与过程工程协同创新中心通过教育部认定，现代盐湖产业学院正式揭牌。

图 8　2022 年 7 月，青海大学聘请段雪院士为部省合建盐湖化工大型系列研究设施学术委员会主任

### （二）实现了镁合金及其复合材料产业化

利用盐湖提取钾盐后的副产品作为生产镁合金及硼酸镁晶须的原料，提高了

“金属镁一体化工程”的附加值及资源利用率。提出了镁基复合材料界面优化方法，设计制造了国内首台套吨级金属基复合材料生产装置，经转化实现出口销售收入 6600 万美元。“高性能镁合金压铸件开发关键技术研究与示范”青海省重大科技专项取得阶段性成果，成功研制出镁合金汽车减震塔等部件。

（三）“盐湖资源 + 生态”关键技术取得重大突破

在原子经济反应清洁生产系列关键技术方面实现突破，建成 1 套 2 万吨 / 年的镁基超稳矿化土壤修复材料示范装置，将有力促进我国青海盐湖废弃镁、钙资源的高值利用，盐湖资源综合利用及重金属污染土地的高效治理，对提高我国粮食安全、保护人民身体健康具有积极意义。

（四）在新能源消纳和储能技术方面取得重大突破

所研发的高比例新能源电力系统协同自律调度控制系统，近五年助力青海消纳新能源 1100 亿度，全面支撑青海全清洁能源供电活动，供电区域和时长创世界纪录。在青海大学校内建成世界首座 500kW 非补燃压缩空气储能实验电站，有力地支持了国家能源局压缩空气储能国家示范项目“江苏金坛 60MW/300MWh 盐穴压缩空气储能电站”的建设。

图 9　青海大学在校内建成世界首座 500kW 非补燃压缩空气储能实验电站

## 四、经验启示

### （一）积极融入国家和区域发展战略

青海大学贯彻落实习近平总书记对青海盐湖资源综合利用和清洁能源产业发展的重要指示精神，聚焦盐湖化工和清洁能源产业发展重大需求和关键技术，协同国内相关高校和科研院所的科研力量，努力在系列卡脖子关键技术问题上实现突破，为加快建设世界级盐湖产业基地、打造国家清洁能源产业高地提供科技和人才支撑。

### （二）以团队和平台建设带动有组织的科学研究

借助对口支援政策优势，引进清华大学梅生伟教授“新能源光伏”团队、北京化工大学段雪院士“盐湖化工”大型系列研究设施团队和华东理工大学徐世爱教授“盐湖功能材料开发及应用”团队，破解高层次学术领军人才不足和高水平团队的短板。紧抓部省合建政策机遇，整合国内高校、科研院所和大型企业科研力量，加速建设盐湖化工大型系列研究设施建设，聚焦重点研究方向，开展有组织的科学研究。

# 建设特色鲜明的海洋学科，维护南海岛礁生态安全

广西大学

图 10　广西大学岛礁生态修复实验室

## 一、工作背景

为深入贯彻落实习近平总书记关于加快建设海洋强国、发展向海经济的指示精神，广西大学瞄准我国南海岛礁开发利用的重大现实需求成立了海洋学院，以珊瑚礁与生态环境的关系为主线，对南海岛礁开展全面、系统、深入的研究，形成了具有鲜明特色的海洋科学学科。作为土木工程与先进材料部省合建一流学科群的支撑学科，在部省合建的大力支持下，广西大学海洋科学学科加快建设步伐，面向海洋强国战略需求主动融入区域发展，为我国珊瑚礁研究和南海岛礁工程建设培养复合型海洋人才、提供高质量研究成果，不断增强服务地方经济社会发展能力，在区域发展中的示范带动作用逐步凸显。

## 二、工作内容

### （一）以学科为引领，培养复合型海洋人才

2016 年，建设的以珊瑚礁系统科学研究为特色的广西南海珊瑚礁研究重点实验室，是我国唯一的关于珊瑚礁研究的省级实验室。拥有海洋科学本科专业、海洋科学一级学科硕士学位授权点，以及海洋生物资源与环境保护二级学科博士和硕士二级学科授权点。2022 年 5 月，海洋科学专业入选 2021 年广西一流本科专业建设点。着眼于复合型海洋人才培养，现已招收本科生 522 人、博士和硕士研究生 317 人，与海洋科研院所、企业共建产学研基地，与台湾海洋大学开展互换交流师生活动，不断拓宽人才培养渠道。

### （二）以平台为支撑，致力珊瑚礁生态修复

建成广西大学海洋学院珊瑚养殖基地、北海陆基珊瑚规模化养殖基地、涠洲岛自然海域珊瑚礁生态修复基地 3 大基地，研发出从人工繁殖、水族箱养殖和维护、海区苗圃、珊瑚移植等一体化的珊瑚礁生态修复技术。成立广西大学海洋学院——三沙航迹珊瑚礁保护研究所联合研究中心，建有潜水培训中心和珊瑚礁科

考团队，先后出海考察共计 594 人次，航程超 23309 海里，以此为基础，建成国内样本量最丰富齐全的珊瑚礁研究样本库。

图 11　广西大学教师赴南海中南海山区（左）、西沙群岛（右下）、广东珠江口万山群岛（右上）等地进行科学考察

（三）以队伍为核心，打造高水平研究团队

立足珊瑚礁研究关键科学问题，组建了一支研究方向齐全、实力雄厚的高水平珊瑚礁研究团队。团队成员包含长江学者特聘教授、国家杰出青年科学基金获得者、教育部科技委学部委员、国家重大科学研究计划项目（973 项目）首席科学家等。团队成员主持国家自然 / 社会科学基金 39 项、自治区级科学基金 53 项，共发表高水平学术论文 410 篇，其中 SCI 检索 275 篇（含 JCR 1 区 169 篇）。

（四）以科普为手段，发挥社会服务功能

成立全国首个以珊瑚礁为主题的科研、科普馆——涠洲岛珊瑚馆，创立科研、科普、旅游三位一体的珊瑚礁保护与修复新模式。依托珊瑚馆平台主办广西珊瑚礁普查活动，吸纳志愿者参与珊瑚礁的保护与种植工作，打造沉浸式、体验式科普教育，累计接待参观人数已超 10 万人次，开展公益科普宣传及专业培训课程 50 余场次，直接受益人数超过 2000 人。

## 三、突出成效

通过多学科方向深入研究，系统地揭示了珊瑚礁的形成与发展规律，出版国内外首部关于珊瑚礁的综合性教材《珊瑚礁科学概论》。该书的出版标志着国内珊瑚礁系统科学的发展框架和人才培养体系的形成。根据研发出的一体化珊瑚礁生态修复技术，投放人工礁体 120 余个，培育珊瑚 15000 余株，珊瑚礁修复面积 $2000m^2$，使得该区域的活珊瑚覆盖度从 5% 增加到 20%，珊瑚的有性繁殖带动周边海域的珊瑚自然恢复，奠定了南海珊瑚礁生态修复的基础。涠洲岛珊瑚馆先后荣获“广西科普基地”“广西中小学生研学实验教育基地”“广西海洋科普和意识教育基地”等称号，成为广西海洋生态保护的重要名片。

图 12　珊瑚礁团队研发一体化珊瑚礁生态修复技术，培育珊瑚 15000 余株

## 四、经验启示

学科建设，一是以国家战略发展和地方社会经济发展需求为导向，主动服务国家新发展格局，聚焦海洋强国和向海发展需求，建设具有鲜明特色的海洋学科，培养复合型海洋人才。二是牢牢把握部省合建的重大发展机遇，在政策与资金的双重支持下，结合广西大学的办学使命，充分挖掘学科优势和特色，因地制宜、科学谋划，深化学科交叉融合，开展有组织科研，聚焦平台内涵建设，组建高水平研究团队，着力提升科研实力水平。三是推进产教融合、产学研合作，提高人才培养的适用性与针对性，与海洋科研院所、企业共建人才培养基地，促进教育链、人才链与产业链、创新链有机衔接。

# 建好铸牢中华民族共同体意识研究培育基地，服务党和国家民族工作大局

内蒙古大学

内部资料

铸牢中华民族共同体意识研究基地

成果专报

（民族研究内参）

2021年第01期（内参第9期）

基地工作办公室　　2021年3月24日

**大力推广普及国家通用语言文字**
**助力铸牢中华民族共同体意识**

内蒙古大学培育基地首席专家　何生海

语言文字构成了人类交往行为有效性的基础，是相互沟通理解的钥匙，是文化交流互鉴的纽带，是文明世代相传的载体。通用语言文字是一个国家正常运转的重要保障，任何国家都会确定一种或两种官方语言文字，

图13　报告《大力推广普及国家通用语言文字　助力铸牢中华民族共同体意识》（部分）

## 一、工作背景

习近平总书记在中央民族工作会议上的讲话中指出，铸牢中华民族共同体意识是新时代党的民族工作的“纲”，所有工作要向此聚焦。2020 年 2 月，内蒙古大学获批由中央统战部、中央宣传部、教育部、国家民族事务委员会共建的铸牢中华民族共同体意识研究培育基地（以下简称“基地”）。2021 年 4 月 12 日，时任中共中央政治局常委、全国政协主席汪洋莅临基地调研，对基地的建设定位、工作思路、研究方向等提出了指导性意见。2022 年 7 月 20 日，国家民族事务委员会副主任赵勇莅临基地考察，参观了基地成果展，听取了基地工作情况汇报，并就如何聚焦铸牢中华民族共同体意识主线开展民族理论研究同基地专家进行了深入交流。内蒙古大学高度重视基地建设工作，由校党委书记担任基地主任，为基地高质量发展提供了强有力的组织保障。

## 二、工作内容

目前基地有专职研究人员 15 名，兼职研究人员 50 余名。研究团队中包括国务院学位委员会学科评议组成员 2 人，教育部教学指导委员会委员 2 人，“四个一批”人才 1 人，自治区哲学社会科学名家 1 人，自治区哲学社会科学青年才俊 1 人。2022 年 6 月，基地成立了学术委员会。学术委员会由郝时远、麻国庆等数十位校内外知名专家组成，为基地开展学术研究提供理论指导。

基地有 1 位专家入选内蒙古自治区党委统战部“中央民族工作会议精神宣讲团”，2 位专家入选内蒙古自治区党委宣传部“学习贯彻中央民族工作会议精神暨铸牢中华民族共同体意识宣讲团”，2 位专家入选“内蒙古自治区教育系统铸牢中华民族共同体意识宣讲团”，2 位专家入选内蒙古自治区社会科学联合会“铸牢中华民族共同体意识社科普及专家团”，1 位专家入选内蒙古自治区社会科学联合会“研究阐释习近平总书记对内蒙古重要讲话重要指示批示精神专家团队”。

基地始终坚持以铸牢中华民族共同体意识为主线，以北方民族交往交流交融历史、边疆文化繁荣、牧区现代化、民族地区社会治理为研究重点，开展重大理论与实践研究，同时围绕构筑中华民族共有精神家园和铸牢中华民族共同体意识积极开展决策咨询和理论宣讲。

基地始终坚持正确的政治方向、价值取向和研究导向，积极配合完成国家四部委安排的各项任务。2020 年 5 月承担国家民委专项课题，按时做好开题工作，即将完成调研报告撰写；2020 年 7 月承担中央统战部委托的专项课题，高质量完成了调研工作与调研报告；2020 年 11 月承担国家民委委托的调研任务，对国家通用语言文字和统编教材使用情况进行调研，并提交了决策咨询报告；2021 年 7 月受国家民委委托，调研评估内蒙古锡林郭勒盟民族团结进步工作开展情况。

基地始终把铸牢中华民族共同体意识贯穿学校办学治校全过程、各方面。充分发挥思政课程在铸牢各族学生中华民族共同体意识中的主阵地、主渠道作用，深入挖掘各门课程蕴含的铸牢中华民族共同体意识内容，创新将中华民族共同体意识融入思政课程的方式方法；通过学生文体活动、基地宣传活动、博物馆陈展活动、文化墙建设等形式，促进各民族师生交往交流交融，推进中华民族共有精神家园建设，有形有感有效开展铸牢中华民族共同体意识宣传教育活动。

## 三、突出成效

经过两年多的重点建设，基地在队伍建设、人才培养、课题研究、课程建设、理论宣讲、决策咨询、实体化建设等方面取得了显著成效。

基地共获批国家社科基金重大项目 3 项、重点项目 7 项、一般项目 23 项，省部级项目 25 项；设立校内开放课题 30 项，科研经费总计超过 600 万元。

基地专家在《光明日报》《中国民族报》等报刊发表系列重要理论研究成果，出版了 22 部高水平著作。基地主任刘志彧牵头主编的《讲好内蒙古故事 铸牢中华民族共同体意识》（三卷本）深入挖掘百余个民族团结案例，讲述内蒙古自治区各民族交往交流交融故事；张久和教授牵头主编的大型系列专著《中国古代北方民族史》（十卷本）深入研究了北方民族交往交流交融的历史过程；首席专家何生海教授的专著《民族地区社会和谐与社工服务提升研究》从民族地区生态建设、民族文化保护以及农牧民在城市社会的融入等角度分析了民族地区社会发展面临的挑战和机遇等。

《内蒙古大学学报》（哲学社会科学版）设立《铸牢中华民族共同体意识研究》专栏，每期刊登专题论文，加强和推进了专题研究。

基地专家向国家有关部委和内蒙古自治区党委、自治区人民政府共提交咨询报告 47 篇，赴全区各单位宣讲 30 余场。何生海教授的《大力推广普及国家通用语言文字 助力铸牢中华民族共同体意识》从国家通用语言文字在国民与国家运行的功能上阐述其重要性，为民族地区推广国家通用语言文字提供了理论依据，被国家民族事务委员会民族理论政策研究室《铸牢中华民族共同体意识研究基地成果专报（民族研究内参）》（2021 年第 1 期）采用。

图 14 出版《守望相助：铸牢中华民族共同体意识》系列专著

## 四、经验启示

### （一）全面加强党对基地建设工作的领导

内蒙古大学高度重视基地的建设工作，成立了由校党委书记和校长担任组长的领导小组，形成了党委领导、专家为主、各部门配合的协调运行机制，为基地建设提供了强有力的组织保障。

### （二）创新基地建设体制机制

基地采取学科协同、成果培育、项目培育等措施，整合民族心理学实验室、社会工作实验室、影视人类学实验室和呼和浩特市民族团结进步教育基地——内蒙古大学民族博物馆等平台，实行“产学研”一体化，形成多方联动机制。

### （三）加快基地实体化建设

内蒙古大学以习近平新时代中国特色社会主义思想为指导，深入学习宣传贯彻党的二十大精神，加强加快实体化建设，努力将基地建成学科交叉融合的平台、学术创新的高地、铸牢中华民族共同体意识的示范基地，更好地服务党和国家民族工作大局，为全方位建设“模范自治区”、促进各民族交往交流交融、铸牢中华民族共同体意识做出新的更大贡献。

# 聚焦第三极生态保护，服务国家安全屏障

 西藏大学

图15　2022年，西藏雅尼湿地生态系统国家定位观测研究站正式运行

## 一、工作背景

西藏大学"生态学"是西藏自治区唯一入选世界一流学科建设序列的学科，西藏大学充分利用学校学科门类齐全的优势，整合多学科力量，服务国家战略定位需求，聚焦自治区"稳定、发展、生态、强边"四件大事，紧扣学科前沿方向，突出高原极端环境下的生态学区域优势，立足服务西藏高原生态安全屏障和生态文明建设。经过首轮"生态学"一流学科建设，西藏大学生态学学科建设在人才培养、师资队伍组建、平台建设、科学研究和服务社会能力等方面取得了一定的成效，为第三极生态保护、服务国家安全屏障做出了重要贡献。

## 二、工作内容

在中央和自治区的大力支持下，西藏大学建立了完整的本—硕—博人才培养体系，招生规模逐年增加；优化人才培养结构，完善人才引育机制，建立独特的生态人才培养模式，积极培养创新意识，促进科研育人；进一步扩大实验室，添置了多台（套）大型仪器设施设备，建成了生态学野外研究观测台站，完成了建设方案中的"一站一库三中心"的建设任务，取得了一些标志性的学术研究成果；瞄准青藏高原重大科学问题，加强科学研究，加强高水平平台建设，支撑学科交叉大发展，对接地方产业，服务社会经济发展；强化国际合作交流，克服多方面困难，努力拓展国际合作交流空间，先后与日本东京大学、挪威卑尔根大学、德国吉森大学等高校建立了良好的校际合作关系。

## 三、突出成效

### （一）大格局科研创新体系初步形成

西藏大学坚持围绕"四件大事"，聚焦"三区一高地"战略，以建成第三极生态研究主力军为目标，着力构建服务国家战略和区域发展的科研创新体系。整合生态、生物、环境等相关学科大型分析检测仪器资源，加快综合分析测试中心能力升级。围绕生态学一流学科建设整改工作，以地球第三极生态研究为核心，重点建设第三极生物多样性与环境保护等4个实验室及协同创新中心。建设第三极科学技术研究院，形成以第三极为核心的高水平学科共享平台。已组织申报了"青藏高原生物多样性与生态环境保护教育部重点实验室"和"生态学博士后科研工作站"，正在策划申报"雅江流域生态安全"重点实验室。

2021年10月，"西藏那曲高寒草地生态系统野外科学观测研究站"被科技部批准为国家野外科学观测研究站；2022年7月，"西藏雅尼湿地生态系统国家定位观测研究站"正式挂牌；2022年，与中国科学院青藏高原研究所共建共享"西藏纳木错高寒湖泊与环境国家野外科学观测研究站"等3个野外台站，其中2个为国家级台站，建成野外观测研究站全覆盖共享机制。以生态学和民族学学科为依托的珠峰研究院"环喜马拉雅人类活动与区域发展协同创新中心"成功获批自治区级"2011协同创新中心"。专家团队积极参与了第二次青藏高原综合科学考察研究和2022"巅峰使命"珠峰科学考察、川藏铁路建设、国家湿地公园建设、雅鲁藏布江下游水电开发等重大工程。

### （二）高水平人才队伍建设成效明显

西藏大学围绕特色优势学科建设，着力发挥学术"关键少数"作用和团队"关键少数"作用，聚焦"育引用留"四大工程，探索构建了"111132"高层次人才工作发展体系。

1. 大力实施青年博士发展支持计划

支持在职期间取得博士学位返校工作的人才。生态学方向青年教师中，2人被录取到对口支援高校攻读博士学位，4人被录取为本校博士研究生，2人获得生态学博士学位，推荐2名生态学教师通过自治区党委组织部"西部之光"访学项目到内地知名高校访学。

2. 大力实施高层次人才引进计划

“双聘院士”姚檀栋院士到校指导工作，正在推进朱彤院士“高原生态环境与健康院士专家工作站”建设，全职引进的中国科学院武汉植物园李伟研究员已经正式到校工作。

3. 充分用好援藏人才

王忠、吴世华、童银栋、李振新、田智全、张东等 6 名中组部、教育部第十批援藏干部人才已经到校，王世锋、赵俊猛、张继峰、黄帅帅 4 名高层次人才正在办理手续。

4. 实施人才创新团队与实验室平台建设计划

首批自然科学类 9 个创新团队与实验室平台中生态学及配合学科 6 个团队与平台入选。

5. 实施学科领军人才、教学名师、青年学者 3 类人才发展激励计划

首批学科领军人才、教学名师、青年学者 3 类人才中生态学及配合学科 7 人入选。

6. 遴选西藏大学学科首席教授和特聘教授 2 类人才

经过持续努力，生态学教师队伍中现有 21 人有博士学位，20 人为正高级职称，8 人为国家级人才。

（三）生态学学科科研建设成果突出

生态学紧密相关学科科研成果荣获自治区科学技术奖一等奖 2 项。依托西藏大学学科门类齐全的优势，整合各方面学科力量，聚焦青藏高原重大前沿科学问题，开展前瞻性、战略性的科学研究工作，相关论文发表在国际高水平期刊上，其中有两篇在国际顶级期刊《美国国家科学院院刊》（*Proceedings of the National Academy of Sciences of the United States of America*）上发表；获批了若干个国家级纵向项目（包含重点专项）和省部级项目资助。

### （四）拔尖创新人才培养能力提升显著

西藏大学大力发展研究生教育，不断提高人才培养层次和水平，实施研究生“高水平人才培养计划”“直博生”等研究生培养机制。推动落实西藏大学生态学专业本科生拔尖人才培养计划。2023 年，新增生态学硕士生导师校内导师 7 人，校外导师 4 人。首届生态学 28 名本科生和 31 名硕士研究生、2 名博士研究生顺利毕业。

## 四、经验启示

### （一）要聚焦问题短板，开展整改建设

凝练学科方向，进一步凝练出了青藏高原生物多样性与进化生态学、青藏高原环境变化与生态系统生态学、青藏高原环境保护与修复生态学、青藏高原生态文明与可持续生态学、青藏高原特色种质资源保护与利用 5 个方向。积极筹建生态环境学院，健全生态学一流学科组织结构。

### （二）要集中力量办大事，重点建设生态学一流学科

2021 年 11 月 16 日，学校成立了由自治区人大常委会副主任、校党委书记尼玛次仁同志和校党委副书记、校长金永兵同志担任组长的西藏大学生态学世界一流学科建设暨整改工作领导小组。自治区政府副秘书长旦增伦珠同志牵头成立自治区与西藏大学一流学科整改建设沟通协调平台，指导并协调建设整改工作。2022 年 6 月 13 日，学校抽调专人成立“双一流”工作推进专班及国际化和重点实验室专班。2023 年 11 月学校科研处组织成立“西藏大学省部共建国家重点实验室培育工作推进专班”“教育部重点实验室建设工作推进专班”，学校合作交流处（留学生部）组织成立“西藏大学生态学国际交流合作工作推进专班”。

# 聚焦白洋淀生态治理，服务国家重大战略

 河北大学

图 16　陈宜瑜院士、康乐院士、河北雄安新区管委会副主任刘树军、河北省科技厅副厅长张永强为华北浅水湖泊湿地生态系统野外科学观测研究站揭牌

## 一、工作背景

设立雄安新区，是以习近平同志为核心的党中央深入推进京津冀协同发展做出的一项重大决策部署，是千年大计、国家大事。2017 年 2 月 23 日，习近平总书记在实地考察雄安新区建设规划时指出，“建设雄安新区，一定要把白洋淀修复好、保护好”。河北大学作为距离雄安新区最近的综合性大学，弘扬“扎根白洋淀五十年”精神，与雄安新区生态环境局、雄安集团等有关单位密切合作，植根雄安新区生态环境建设一线，以国家重大项目为牵引，扎实推进大型系列研究设施建设，通过支撑白洋淀水体修复和生态环境治理重大工程，带动生物学等相关学科快速发展，逐步形成了“服务引领、需求驱动、创新发展”的一流学科建设路径。

## 二、工作内容

河北大学依托生命科学与绿色发展学科群，紧密围绕白洋淀流域生态治理，面向“京津冀协同发展”和“雄安新区建设”国家战略需求，充分发挥多学科、多角度研究优势，校内外联动，建成创新性的大型系列研究设施。

### （一）高标准建设校内科研平台

投入 5000 余万元，对标一流生物学及生态学实验室建设大型仪器共享服务平台。紧密对接白洋淀生态环境治理研究需求，购置了包括生物大分子成套设施、物质分析成套设备、高标准显微成像观察设备等大型实验设备，能够满足生物学、生态学和生物医学等领域前沿研究的需求，为解决白洋淀水体治理和生态环境保护的关键技术节点问题和重点技术研发提供了强有力的硬件支撑。

### （二）坚持问题导向建设在地科研平台

河北大学科研团队坚持扎根白洋淀生态环境治理一线，通过直接参与相关工作，以关键问题和现实需求为导向，建设在地科研平台，与校内平台形成紧密互动，全面提升解决问题能力。目前建成野外科学观测站两个、鸟类科学工作站一个。

其中“河北雄安白洋淀湿地野外科学观测研究站”以湿地生态变化为主要观测点，已建成四项大型野外控制实验平台及五种经典景观类型涡度相关系统监测平台，建立和完善了湿地野外实验数据测定和分析体系。“白洋淀环境保护科学观测研究站”依托河北省湿地近自然修复技术重点实验室，以水质演变为主要观测点，同时接入白洋淀水体监测体系，能够对白洋淀水质变化开展实时监测和快速分析。

白洋淀鸟类监测工作站通过在白洋淀设置野外观测摄像头及流动监测点，并配合视频监控卫星、无人机等先进技术手段，通过5G手段实现监测点、工作站和校内平台实时信息共享，构建起鸟类立体调查监测体系。

图 17　河北省委常委、副省长，雄安新区党工委书记、管委会主任张国华向侯建华教授授“白洋淀鸟类监测工作站”牌

（三）政校企协同合作共建科研平台

河北大学与雄安新区生态环境局合作共建生态研究联合实验室、生态环境智慧监测平台和野外科学观测研究站，与中国雄安集团合作共建湿地近自然生态修复重点实验室和生态环境治理智库平台，建成京津冀（雄安新区）生态安全与生

态保护教育部工程研究中心、白洋淀流域生态与京津冀可持续发展协同创新中心，为下一阶段申报生态过程模拟与精准修复国家技术创新中心和环京津区域生态环境国家重点实验室奠定坚实基础。

## 三、突出成效

水体治理团队主持或参与国家及地方政府白洋淀流域规划编制、方案制定等重大项目 10 余项，生态修复示范工程 4 项；完成雄安新区环境质量现状综合调查，累计调查面积达 1576 平方公里；主持完成了国家科技重大专项“水体污染控制与治理”，推动白洋淀淀区水质逐年向好，相关成果入选国家“十三五”科技创新成就展。研究成果先后被中央电视台、《中国科学报》、《中国环境报》、《中国教育报》等媒体广泛报道，研究团队被授予河北省青年五四奖章集体、全省学雷锋活动模范岗等荣誉称号。中央广播电视总台大型纪录片《雄安 雄安》对河北大学水体治理团队工作进行了重点报道。

图 18　白洋淀与大清河流域（雄安新区）水生态环境整治与水安全保障关键技术研究与示范项目的示范工程——府河河口湿地水质净化工程

生物多样性团队建立的白洋淀流域生物多样性数据库，为雄安新区建设积累了宝贵的“生态档案”，也为白洋淀生态环境治理和保护提供了支持。研究团队利用该平台首次发现了世界极危物种青头潜鸭成体，为白洋淀成为青头潜鸭重要的栖息地和繁殖地提供了科学依据。

## 四、经验启示

### （一）强化党建引领作用

强化基层党组织的战斗堡垒作用，在雄安新区科研团队中成立临时党支部、师生联合党支部，紧跟新区建设和工作节奏，充分发挥党支部的战斗堡垒作用，共同保障国家科技重大专项落地生根。师生投入一线样本采集、运输、检测等工作，实地调查、现场研究，深入白洋淀淀区，保证实验结果科学严谨，保障技术研发及时有效。

### （二）推动有组织科研

强化团队创新意识，激发团队创新精神，不局限于在实验室中做科研，积极投身雄安新区生态环境建设一线，在以科学研究推动实际环境问题解决上下功夫。引导师生围绕四个面向，勤于学习、善于思考、勇于探索、敏于创新，在实践中不断认识和掌握真理。

### （三）加强广泛交流合作

基于河北大学在雄安新区构建的特色平台，积极整合国内优势资源，建立长期合作机制，联合高校、科研院所和企业，开展有组织的多学科交叉科研，共同推进产学研无缝对接、深度融合，加快应用技术开发和成果转化。

第二部分

# 建设大型设施平台

云南大学：建设大型科研设施平台，支撑学科发展

郑州大学：创新机制模式，建设国家超级计算郑州中心

山西大学：以建设大型研究设施为抓手，强化有组织科研

贵州大学：省部共建公共大数据国家重点实验室服务贵州大数据产业发展

新疆大学：深化铸牢中华民族共同体意识研究，服务新时代党的治疆方略

新疆大学：多方联动建设大设施，推动学科内涵式发展

广西大学：建设中国-东盟信息港大数据平台，服务东盟开放合作

广西大学：建设世界大跨拱桥重要研发中心，支撑一流学科高质量发展

内蒙古大学：打造重大科研平台，提升科技创新能力

西藏大学：强强联合，打造一流国家科技基础条件平台

# 建设大型科研设施平台，支撑学科发展

 云南大学

图 19　云南大学天文台

## 一、工作背景

云南大学自部省合建和“双一流”建设以来，服务一流学科与整体发展需要，根据教育部统筹部署，以大型系列研究设施平台建设为重点，支撑学科高质量发展，服务地方需求和产业转型升级，聚焦世界一流生命科学研究中心、古生物研究中心、天文学研究中心以及生态学、民族学科研设施建设，建成 SPF 级实验动物中心，自主研发国际首台大视场多通道测光巡天望远镜，建设生态学系列野外观测台站、民族学田野调查基地等设施平台，为学校特色发展打下坚实基础，其中，实验动物中心建设最具典型意义。

## 二、工作内容

依托云南丰富的动植物和微生物资源，追踪生命科学与医药领域国际学术前沿，聚焦云南生物资源保育和利用、生物医药重点产业发展，围绕打造世界一流的生命科学研究中心和生物医药国家战略科技力量，云南大学建成国内先进的实验动物中心。中心位于云南大学呈贡校区内，总建筑面积 9824m$^2$，包括 SPF 级大小鼠饲养实验室、ABSL-2（动物生物安全 2 级）实验室以及分子细胞功能性实验室等。

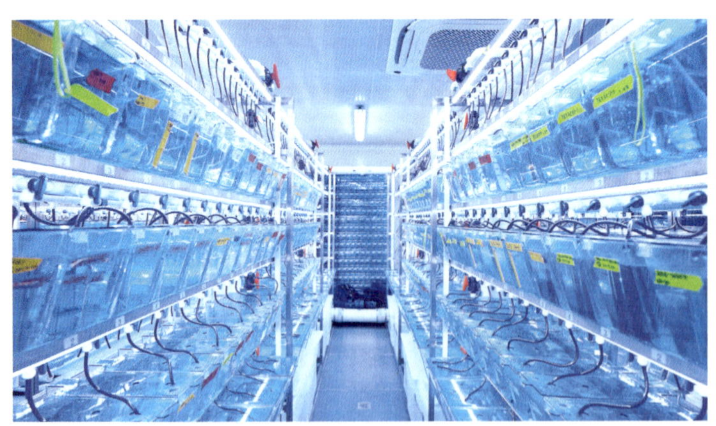

图 20　云南大学实验动物中心

中心配备了国际、国内顶尖设备，饲养区域均建设有 IVC 独立通气笼具系统、自动饮水系统、脉动真空灭菌设备、双扉及柜式洗笼机、垫料倾倒机、氙光传递窗、一体扰流喷淋除臭设备等全自动设备；分子细胞区域配备冰冻切片机、石蜡切片机、全景组织荧光玻片扫描系统、酶标仪、小动物生化分析仪等先进仪器设备；SPF 级屏障区内配备清醒动物 3D 活体成像系统、小动物麻醉机、小动物脑定位系统、行为学等仪器设备。各类先进的仪器设备从源头杜绝各类微生物和病原体的滋生，保证了 SPF 级屏障饲养区的洁净等级。中心对于各类微生物和病原体的检测标准远高于国家标准，进而保证了实验动物的健康和科研数据的稳定。

中心建设有 PDX/CDX 肿瘤模型平台、胚胎净化与基因编辑平台、抗体制备平台、实验动物饲养与质量控制平台、病理组化分析平台等五大技术服务平台，配备专业技术人员，能为全国高校、科研机构、药企提供模型创制、代理繁育、实验动物销售、表型分析等服务。中心拥有实验动物生产许可证和实验动物使用许可证，不仅可以承接动物实验，还可以生产、提供高品质实验用动物。2022 年 8 月，中心获得云南省教育厅“生物医药动物模型工程研究中心”立项，正在积极申报国际实验动物评估和认可委员会（Association for Assessment and Accreditation of Laboratory Animal Care, AAALAC）、中国合格评定国家认可委员会（China National Accreditation Service for Conformity Assessment, CNAS）等相关实验动物的国际国内高水平实验室认证。

## 三、突出成效

### （一）有力支撑学科发展

实验动物中心为云南大学生物学学科提高人才培养质量、产出高水平成果、汇聚高层次人才提供了有力支撑。生物学入选国家基础学科拔尖学生培养计划 2.0 基地，实现云南省零的突破；获得国家自然科学基金重大项目、重点项目，承接重大项目能力显著提升；在《细胞》（*Cell*）、《美国国家科学院院刊》（*Proceedings of the National Academy of Sciences of the United States of America*）等期刊发表论文，解决关键科学难题能力明显增强；吸引长江学者、杰出青年等高层次人才加盟，自主培养院士取得突破，培养长江学者、杰出青年多名，为云南大学建设生物医药战略科学家群体、打造生物医药国家战略科技力量提供了有力支撑。

（二）充分发挥服务功能

云南大学实验动物中心的建成，打破了仅在沿海及发达城市才建设有高水平实验动物中心的局面，为西部省区相关学科发展、技术研发和实验动物人才培养发挥了积极作用。中心已向首都医科大学、内蒙古大学、河南师范大学、昆明理工大学、云南省第一人民医院、昆明市儿童医院、沃森生物技术有限公司等省内外高校、科研院所、生物医药公司输送高品质 SPF 级大小鼠 10000 余只，承担综合性实验技术服务 100 余项，为论文发表、基金申请提供实验动物伦理审查 300 余项，培训校内外实验动物从业人员 1300 余人次。

## 四、经验启示

云南大学以实验动物中心建设为典型的科研设施平台建设有力支撑了学校优势特色学科高质量发展，为服务国家战略和区域经济社会发展打下了坚实基础。这得益于学校始终坚持大型科研设施平台建设的基本思路。

（一）聚焦学科建平台

学科建设是学校发展的龙头，平台建设必须紧扣学科发展需要，将有限资源投入学校重点建设发展的优势特色学科，支撑学科在人才培养、科学研究和社会服务等方面上水平、上台阶，重点支撑优势学科领域产出创新性成果，而不是把设施平台建成“摆设”“景点”。

（二）融入发展建平台

平台建设要坚持需求导向，紧密结合优势特色学科的主要服务方向，针对区域发展中的重大问题和现实需要，支撑关键技术和主导产品研发，促进科技成果转化，助力重点产业发展，而不是局限于学校自身发展，导致平台功能单一化。

（三）开放共享建平台

作为云南省唯一的部省合建高校和“双一流”建设高校，云南大学有责任有义务为云南教育高质量发展发挥作用，因此，平台建设必须面向社会，帮助省内高校有关学科提升水平，同时将平台作为国家大型科研设施系统的组成部分来建设，才能充分发挥其功能，避免资源浪费。

# 创新机制模式，建设国家超级计算郑州中心

郑州大学

图 21　国家超级计算郑州中心获批第七家国家超级计算中心

以郑州大学为主体建设的国家超级计算郑州中心（以下简称“郑州中心”）是“十三五”期间国家在河南部署的重大科技基础设施，也是新中国成立以来国家在河南部署的单体投资最大的科学计算装置，是第七家国家超级计算中心。郑州中心先筹建后批复，创造了“郑大超算速度”，开启了部省合建重大科技基础设施新模式，充分诠释了“一流建设 + 部省合建”新发展格局的内涵。

## 一、工作背景

“十三五”期间，河南省正处在经济高质量发展的紧要关口和转变发展方式、优化经济结构、转换增长动力的攻关期，面临主体不强、平台不多、人才不足、体制不活，特别是高端创新资源和教育资源短缺的问题。河南省亟须争取国家超级计算中心这样的重大科研基础设施，汇聚高端创新资源、吸引领军人才队伍、支撑“双一流”建设、助力产业转型升级，同时优化国家超级计算中心在中西部的布局。经过充分的调研、分析和论证，依托郑州大学多学科综合性优势，郑州中心在河南省超级计算中心的基础上，“先筹建，后批复”，打破了前 6 家国家超级计算中心以国家为主导的建设模式，采取了省市校“众筹”、郑州大学主体建设的“河南超算模式”。

## 二、工作内容

### （一）超前谋划，争取“河南超算模式”

站位“双一流”建设与支撑河南省经济快速发展和产业转型升级，郑州大学紧抓“部省合建”时机，超前谋划布局，主动多次与科技部、河南省政府、郑州市政府汇报沟通，争取国家超级计算中心的建设。

经反复论证，确立了“省、市、校联动建设，市校为主，其中，郑州大学作为建设主体”的郑州中心建设思路。省、市、校分别成立领导小组，郑州大学与郑州市高新区组建了建设专班，为项目建设提供组织保障。

（二）攻坚克难，创造“郑大超算速度”

在新冠病毒感染疫情和大气管控双重影响下，建设专班组织项目突击队，春节不休息，科学安排交叉施工、挂图作业、延时作业，克服建设周期短、任务重、投资强度大等困难，高标准高质量推进项目建设。从 2019 年 7 月立项到 2020 年 7 月历时一年建成投运，创造了超算建设的“郑大速度”。

建成的主机系统采用最先进的 E 级计算机技术路线；理论峰值计算能力 100PFlops，存储容量 100PB，网络带宽 200Gbps；采用绿色节能的浸没式相变液冷冷却技术，PUE 值低于 1.04。

图 22　国家超级计算郑州中心计算性能居国内高校前列

（三）服务应用，充实超算运行机制

建成投运后，郑州中心坚持“政府主导、学校保障、社会支持”的运行机制，在应用服务中不断丰富“河南超算模式”的内涵。

1. 科学研究与创新支撑

郑州中心支撑国家级项目 114 项、省部级项目 68 项；参与了 10 余家国家重点实验室和省级实验室的相关工作，以及若干全国重点实验的重组建设；联合河南省内 10 个科研单位主持了 13 个超算创新生态系统建设科技专项计划，主持省重大科技专项立项 1 项。

2. 社会服务

郑州中心服务于大气污染防治、智慧城市视觉计算、智慧法庭、精准医疗等应用领域，7×24 小时全天候服务于全省精准高性能天气预报。

3. 产业赋能

郑州中心坚持产学研相结合，探索“1+N+N”模式，签订十余家校企合作实验室，为 143 家企事业单位提供算力服务。

4. 人才培养

郑州中心每年培养 100 名研究生，与中科曙光书院共建郑大曙光研究院，与莫斯科国立大学共建中俄超算研究院。

## 三、突出成效

### （一）建设模式新

从过去的技术驱动到需求牵引，从国家主导到省市校共建，从“先批复后建设”到“先筹建后批复”，全新的“河南超算模式”，是国家超级计算中心建设历史进程中的一个分水岭。时任教育部部长陈宝生评价，合建工作“跨上了一个大台阶”。科技部评价该建设模式推动了科技部国家超级计算中心布局、建设、管理体制机制改革。

### （二）建成速度快

与之前国家超算中心平均 3 年的建设速度相比，郑州中心一年建成，速度惊人。“郑大超算速度”给郑大精神添加了浓重一笔。2021 年，郑州中心获得郑州大学嘉奖令，成为郑州大学“双一流”建设的标志性成果之一。

（三）采用技术高

主机系统为新一代“硅立方”超级计算系统，采用浸没式相变液冷技术，基于超融合的计算机体系结构、高效制冷、高速网络、海量存储等方面的最新研究成果。实测持续计算性能达到国际同期 TOP5 水平，位居国内同期高校首位。

（四）创新引领强

联合省内重大科研单位主持立项超算科研专项，初步建立了具备河南特色的超算应用生态系统，形成“高性能计算 +N”的科学研究交叉融合。

（五）社会服务好

坚持服务社会公益事业，在精准天气预报、大气污染防治，城市治理、服务科学研究等方面具备良好的业务化运行能力。其中，天气预报短时预报业务及精细化智能网格预报业务在全国居于领先地位。

（六）产业支撑稳

在数字经济、社会管理、精准医学、生物育种、环境治理、高端装备、国土资源管理等领域开展了一批特色应用，培育发展了一批特色产业集群。

（七）共建机制优

郑州中心完成与郑州大学计算机与人工智能学院合署建设，师资人才双聘共享。郑大曙光研究院和中俄超算研究院将围绕超算领域学科建设、人才培养、科学研究等方面开展全面合作。

目前郑州中心立足河南、服务全国，已初步成为引领新经济快速发展的“高速引擎”、支撑黄河流域国家战略的“超级大脑”、汇聚和培养高性能计算的“人才高地”。

## 四、经验启示

河南省建设超级计算中心形成两大机制模式。

（一）国家层面的“先动手，后伸手”，要取得创新重大突破，自己要先干

郑州中心是第一个“先筹建，再批复，最后认定”的国家超算中心。同时，随着科技部国家超算中心认定管理办法的出台，开启了科技部统筹、地方政府主建国家超级计算中心和推动区域科技创新驱动发展的新模式。

（二）形成“省市校联建，市校为主，学校运行”的建设与运行机制

建设机制上，以省、市、校联建，市校为主，郑州大学作为建设主体；分担机制上，项目总投资 10 亿元，省、市、校分别出资 2 亿元、6 亿元、2 亿元；运行机制上，政府主导、学校保障、社会支持，形成了政府、学校相互支持“国家超级计算郑州中心既作为郑州大学学科建设的科技支撑，又作为省市科技创新推进器、发动机的重要载体”的良性发展机制。

# 以建设大型研究设施为抓手，强化有组织科研

山西大学

图 23　深紫外激光实验平台

## 一、工作背景

山西大学物理学科自建设以来根植中西部、服务三晋大地，秉承“求真至善、登崇俊良”的办学传统，坚持立德树人，形成了“爱国，攀登，奉献”的学科文化，发展了高质量激光光源和量子光源、激光显示与传感等新技术，建成国家重点实验室，建立了优良的人才培养体系。部省合建以来，围绕量子科技的主流方向，为提高量子科技理论研究水平以及成果转化效率，进一步凝练量子光学与量子信息、超冷原子分子量子调控、量子精密测量与传感、量子材料与光量子器件四个研究方向，确立建设“先进纳米结构加工与多场耦合表征”和“量子精密测量”两个大型研究平台任务。

## 二、工作内容

坚持“四个面向”，以建设大型研究设施为抓手，不断探索有组织的科研模式。开展重大任务攻关和培育，加快目标导向的基础研究实现重大突破。以国家战略关键核心技术和地方支柱产业面临的现实问题和紧迫需求为导向，通过组织重大科技任务，实施科技领军人才团队和优秀青年团队建设项目。建设先进纳米结构加工与多场耦合表征平台，开展先进材料及光量子器件研发，开发纳米新材料的半导体器件，研发极窄线宽、极短脉宽、极宽光谱、极低噪声的高端激光器及量子器件，进行高性能激光器及量子光源先进制造与产业化。建设量子精密测量平台，攻关量子精密测量关键技术，开展量子新体制雷达、超灵敏痕量气体检测、弱磁场检测的仪器设备开发。

面向世界科技前沿，自主研制国际领先的量子光源关键器件并用于继续开展量子信息、连续变量量子纠缠和量子精密测量等方面的原创性研究，不断将成果转化为核心技术和关键器件。在国际上率先实现超冷费米气体自旋轨道耦合的量子模拟，发展单原子操控以及单光子二极管精密测量、最高灵敏度微波电场测量等关键核心技术。

图 24　超冷玻色 - 费米混合气体的实验平台

面向国家重大需求，研发系列高品质固态激光器、量子光源及量子精密测量设备和器件。研发光刻机用深紫外激光器实现 20W 输出功率，已达到应用标准；制备系列高品质单频激光器，性能全面优于国际同类产品，波长范围 200nm 到 1600nm、最高功率达百瓦级、噪声低至经典极限，供给国防单位用于制导装备技术；研制压缩度 13.8dB、纠缠度 12dB 的量子光源，掌握多项核心技术，供给多家科研单位用于量子技术研发；基于新体制微波接收机核心技术，与中国航天科工集团有限公司等单位共同研制颠覆性 LD 样机，为中国计量研究院建立国内首套微波场强量子计量系统，相关工作得到美国国防高级研究计划局的持续关注。

面向经济主战场，与政企深度合作全面深入对接山西省光电信息产业。建设国际首条量子安全直接通信示范系统；孵化高新技术企业，生产的纯激光影院投影机占国内同类产品市场份额 70% 以上，累计销售 2 亿元；研发一批激光光谱在线监测系统，应用于防毒防爆、电力电网、工业过程控制等领域。

## 三、突出成效

在连续变量量子信息、超冷原子分子量子调控和光量子器件研究等领域优势进一步增强。基于超冷费米气体的量子调控项目获 2020 年度国家自然科学奖二等奖；实现基于量子体系的无线电波精密测量，最小可测量电场强度领先之前国际最高水平三个数量级，核心技术对经典雷达、射电望远镜具有颠覆性替代潜力，被评价为“在原子超外差接收机的开创性工作中展示了非凡的创新，从而带来了前所未有灵敏度的传感器”，相关成果入选 2020 年度“中国高校十大科技进展”和“2020 中国光学领域十大社会影响力事件（Light10）”。培育国家级人才 12 名，彭堃墀教授荣获 2021 年全国优秀共产党员称号，张靖教授获全国五一劳动奖章，新增 3 个国家级教师团队和 6 个国家级支撑平台。2022 年，物理学学科入选国家“双一流”建设学科。

图 25　张靖教授团队获国家自然科学奖二等奖

## 四、经验启示

以建设大型研究设施为抓手，在持续开展高水平自由探索研究的基础上，强化有组织科研，实施“有组织攻关重大项目培育计划”，加快目标导向的基础研究重大突破。瞄准国家战略急需的关键核心技术，建设集成攻关大平台，深入解决服务国家安全和经济社会发展面临的现实问题和紧迫需求。通过重大科研平台组织重大科技任务，实施科技领军人才团队和优秀青年团队建设项目，培养青年科学家。积极支撑地方支柱性产业发展，提升科技成果转移转化能力服务产业转型升级，提升区域协同创新能力服务区域高质量发展。坚持知识传承与科技创新的有序递进，推进科教融合、产教协同培育高质量创新人才。

# 省部共建公共大数据国家重点实验室服务贵州大数据产业发展

贵州大学

图 26　公共大数据融合治理科研平台

## 一、工作背景

《贵州省推进贵州大学部省合建加快“双一流”大学建设工作方案的通知》（黔府办函〔2019〕88号）提出“倾力支持贵州大学申报建设省部共建公共大数据国家重点实验室”。

2015年6月17日，习近平总书记考察贵州时肯定“贵州发展大数据确实有道理”。《国务院关于支持贵州在新时代西部大开发上闯新路的意见》（国发〔2022〕2号）提出，支持贵州参与国家重点实验室体系重组，加强公共大数据等领域关键核心技术攻关。

## 二、工作内容

2021年9月，国家正式批准依托贵州大学建设省部共建公共大数据国家重点实验室，这是我国大数据领域第一个国家重点实验室。贵州省大数据局向重点实验室开放全省政务数据资源，重点实验室是全国唯一的拥有全省完整政府数据资源的学术机构，拥有公安部授牌的“国家大数据安全靶场”。

### （一）建成了一流的公共大数据科研平台与算力中心

重点实验室规划科研面积3万平方米，各类仪器总值近1亿元。建成了一流的公共大数据科研平台与算力中心，具有分布式存储能力12PB，人工智能算力达120Petaflops；算力中心平均作业任务提交数约200个/天。目前正在支撑50多项国家级项目开展研究。

### （二）聚焦研究方向，奋力建设有影响力的高水平创新基地

围绕公共大数据治理融合、安全可控、流通共享中的关键科学问题展开研究，推动数据要素化进程；设置公共大数据融合与集成、公共大数据安全与隐私保护、块数据与区域治理3个研究方向。先后承担了国家重点研发计划、国家自然科学基金重点项目等160余项；共发表高水平学术论文500余篇，授权各类知识产权

200余项，出版专著28部。目前承担在研国家级科技项目40余项，牵头及参与各级大数据相关标准编制18项。

（三）加强团队建设与高层次人才培养，打造优秀科研人才培养聚集基地

大力开展人才队伍建设，推进高层次人才引进计划，重点引进与培育国家级人才。已聘固定研究人员115名，其中博士107人；已聘客座研究人员121人。构建“硕士—博士—博士后”大数据高层次人才培养体系，推动“学习＋基地＋实践”的产学研合作模式，培育复合型、实用型、创新型人才；开展学科交叉融合，建设科教融合、产教融合、军民融合教学团队，开源解决教学资源共享。现有在读博士、硕士研究生200余人。获贵州省研究生教学成果奖特等奖1项、二等奖1项，贵州省本科生教学成果奖特等奖2项。

（四）加强国内外科技合作与交流，奋力建设有影响力的国内外合作基地

承办了第八届大数据与信息分析国际会议、东盟溪山论坛：大数据分论坛、第23届中国国际教育年会大数据赋能智慧康养论坛等会议；申报国家“高等学校学科创新引智计划”——公共大数据创新引智基地，奋力从海外引进领军人才与学术骨干。推进与华为、联通、电信、云上贵州等一大批大数据头部企业，航天云网、航天科工十院、中航贵飞、同济堂制药等一大批大数据与实体经济深度融合企业的交流与合作。

## 三、突出成效

（一）服务产业、服务政府

聚焦公共大数据治理融合、安全可控、流通共享中的关键科学问题展开研究，取得公共大数据语义表征和领域知识图谱构建重大创新；解决数据效用与安全之间的均衡；实现数据合理合规自动流通共享与应用，数据成为生产要素。赋能新型工业化，推动大数据技术与实体经济深度融合；突破数据要素化“卡脖子”技术，打造数字经济创新策源地。赋能农业现代化建设，围绕农业大数据、数字乡

村等关键问题展开研究，为农业现代化提供技术支撑。赋能数字政府建设，推动公共治理现代化、智能化。

（二）大力推进科技成果转化

在贵州航天电器、同济堂制药、贵州茅台等126家企业应用推广大数据感知与多源融合技术，企业新增产值近30亿元。作为“贵阳国家大数据安全靶场”的技术支撑单位，围绕大数据与网络安全攻防关键技术，对815个政务、工业互联网平台进行了真实靶标攻防演练，共产生经济效益14.99亿元。利用数据智能分析技术挖掘劳动用工大数据的多维价值，用大数据技术帮助解决农民工欠薪问题，已服务360万农民工、1万多家施工企业，监管农民工工资金发放额达920多亿元。与国家天文台合作，共建天文大数据联合实验室，共同开展FAST科学研究与数据处理中心建设。将微波测距、惯导和卫星定位相融合，融合测量精度达5mm，提高了FAST望远镜观测灵敏度。

## 四、经验启示

（一）领导重视

贵州大学认真贯彻国家实施大数据战略，在实施数字经济战略上抢新机，认真贯彻省领导对办好省部共建公共大数据国家重点实验室的重要批示，落实省委、省政府战略部署。

（二）紧抓贵州经济、社会发展的重大需求

紧扣贵州“四区一高地”战略定位，充分发挥贵州在大数据领域的先行优势，抢抓国家实施“东数西算”工程等重大机遇，依托重点实验室建设大数据领域高水平创新基地、优秀科研人才培养聚集基地、促进国内外合作基地，加快发展壮大贵州数字经济，更好推动贵州经济社会高质量发展。

# 深化铸牢中华民族共同体意识研究，服务新时代党的治疆方略

新疆大学

图 27　2022 年 6 月 9 日，新疆大学与克拉玛依市签订铸牢中华民族共同体意识示范区建设合作协议

## 一、工作背景

2022 年 7 月 12 日，习近平总书记在视察新疆大学时发表重要讲话，就聚焦新疆工作总目标、铸牢中华民族共同体意识、推动新疆大学“双一流”建设再上新台阶等一系列工作做出重要指示，是新形势下新疆大学工作的根本遵循和行动指南。新疆大学以部省合建工作为契机，以马克思主义理论学科为牵引，以西北边疆治理文献与研究中心大型平台为支撑，以深化铸牢中华民族共同体意识研究为特色，加强新时代党的民族理论与政策研究，推进文旅融合服务文化润疆工程，服务新时代党的治疆方略成效显著，持续传响“新疆大学声音”。

## 二、工作内容

### （一）加强“西北边疆治理文献与研究中心”大型研究平台建设

新疆大学充分挖掘图书馆馆藏古籍和红色文献资源，建成古籍文献馆和红色文献馆。选取西北边疆治理古籍文献《刘锦棠疏稿》以及明清刻印的珍善本古籍文献作为展陈。红色文献馆收藏大量新疆学院时期马列主义经典著作和毛泽东经典著作。这些著作均于 1921—1949 年出版，极其珍贵，数量之大在全国也较为少见。围绕西北边疆治理研究建设 16 个数据库，开展边疆治理文献数字化建设，为西北边疆治理研究提供良好基础。

### （二）扎实推进中华民族共同体基础性问题研究和教育工作

2022 年 7 月 12 日，习近平总书记在新疆大学考察调研，对做好铸牢中华民族共同体意识研究做出重要指示：“要坚持走中国特色解决民族问题的正确道路，不断丰富和发展新时代党的民族理论，推进中华民族共同体基础性问题研究。”新疆大学发挥学科优势，在马克思主义基本原理与铸牢中华民族共同体意识、习近平新时代中国特色社会主义思想与新时代党的治疆方略等领域产出一批高质量研究成果，服务党和国家战略。组建以铸牢中华民族共同体意识教育为主题的地方思政课，以“简明新疆地方史教程”为关键课程，在其他5门思政课和25门学科专业课设立30个铸牢中华民族共同体意识专题，形成“1+30”课程群。组织专家编写“简明新疆地方史教程”大中小学教材和干部读本，发行360万册，覆盖全疆所有大中小学和机关单位。建立大中小学思政课教师集体备课制度，建成全疆大中小学思政课交流平台。组织全疆10所高校开展集体备课，新疆大学制作的课件在全疆7所高校推广使用。承办自治区高校思想政治理论公共选修课“经典照耀青春讲堂”10期，37所高校9万余人学习。召开“开好讲好新疆地方思政课推动学校铸牢中华民族共同体意识教育”自治区教学研讨会，全疆大中小学思政课教师5000余人参会，被《人民日报》等媒体广泛报道。

**（三）捍卫新疆意识形态阵地安全，服务涉疆对外斗争**

贯彻落实习近平总书记在新疆调研时关于开展无神论教育的有关要求，组织编写教材，率先开设“马克思主义无神论导论”通识教育选修课。针对“三股势力”在新疆意识形态领域的猖狂进攻，以牢固树立“五个认同”历史基础和扭转少数民族研究偏向为重点，形成系列有影响力的研究报告和媒体文章，捍卫新疆意识形态阵地安全。针对敌对势力篡改、虚构新疆历史，大肆在社会上进行思想渗透的问题，组织专家参与中央新疆工作协调小组《新疆的若干历史问题》白皮书等撰写工作，肃清“双泛”思想和“两面人”流毒，正本清源。针对国际反华势力持续炒作涉疆问题，组织专家第一时间响应国家号召，先后7次赴联合国总部和联合国人权理事会，与国际反华势力短兵相接，用马克思主义人权观有力回击敌对势力谬论。在《求是》撰文，及时向相关部门反馈国际舆情。美国众议院通过所谓“2019年维吾尔人权政策法案”后，学科专家在中央电视台《新闻联播》等平台发声，驳斥美国政客言论，参与制作中国国际电视台《中国新疆　反恐前沿》等纪录片英文版，向国际社会传达新疆反恐斗争真相。

**（四）以“文化润疆”引领社会风尚，以历史文化旅游研究助推“旅游兴疆”**

以社会主义先进文化为引领，坚持不懈用党的创新理论铸魂育人，坚持习近平新时代中国特色社会主义思想“三进”，全面开设“习近平新时代中国特色社会主义思想概论”课。大力弘扬中华优秀传统文化，引领社会风尚，连续35年举办清明诗会。传承“抗大第二”红色基因，打造《共产党人在新疆1936—1945》《我们正青春年少》等精品红色文化舞台剧，学校获批中国文艺评论基地（国家级）。与中山大学共建新疆历史文化旅游可持续发展重点实验室，聚焦新疆历史文化挖掘与再现研究、新疆文化旅游产业发展研究，助推“旅游兴疆”战略。建设吐峪沟工作站，助力文旅新疆乡村振兴。

## 三、突出成效

### （一）西北边疆治理文献与研究中心大型平台建设初见成效

产出《清代上谕档 • 新疆资料辑录》（共6卷）、《维吾尔族契约文化研究》、《1640年〈蒙古——卫拉特大法典〉研究》等一批标志性成果。

### （二）古籍文献馆和红色文献馆发挥重要宣传教育作用

在中华民族共同体基础性研究、新时代党的治疆方略方面形成一批研究成果，出版《马克思恩格斯民族理论发展的历史研究》等专著28部；在《民族研究》《人民日报》《光明日报》等高水平期刊报刊发表有关铸牢中华民族共同体意识和新时代党的治疆方略论文284篇，其中7篇论文被《新华文摘》《中国人民大学复印报刊资料》全文转载，77篇成果要报获省部级以上领导批示，获省部级学术成果奖13项。

### （三）捍卫新疆意识形态安全，与涉疆国际舆论做斗争

发出“新大声音”，在“去极端化”“打击恐怖主义”等世界性治理难题上贡献新疆经验和中国智慧，为党和政府掌握涉疆国际舆论斗争话语权主动权做出贡献。中央相关部门发文高度评价新疆大学在涉疆问题研究“第一梯队”的带头作用。

## 四、经验启示

### （一）坚持马克思主义指导地位不动摇

新疆大学坚持以习近平新时代中国特色社会主义思想为指导，完整准确贯彻落实新时代党的治疆方略，以马克思主义理论一流学科建设为牵引组建学科群，推动重大理论、观点和学术思想创新，形成标志性成果，服务党和国家战略。充分发挥一流学科作用，带动全疆高校马克思主义理论学科和思政课建设。

### （二）坚持以研究回答重大理论和现实问题为主攻方向

以服务新时代党的治疆方略为目标，坚定不移走特色发展之路，依托大平台、大项目和大团队不断推进中华民族共同体基础性问题研究、西北边疆治理研究、新疆历史文化旅游研究，推进理论研究成果转化为扎实的工作举措，助力推进铸牢中华民族共同体意识工作和新疆旅游文化事业发展。

# 多方联动建设大设施，推动学科内涵式发展

新疆大学

图 28　2021 年 12 月，新疆大学与克拉玛依市人民政府共建“煤油共炼大型研究平台”合作协议签约仪式

## 一、工作背景

新疆大学紧紧围绕国家和自治区区域发展战略，以煤炭、石油等优势特色资源高效利用为导向，充分发挥教育部、自治区、对口合作高校和新疆大学“四方联动”合建机制，强化产教融合，不断加强“煤油共炼”大型系列研究设施建设，在提升学校学科综合实力、服务自治区经济社会发展等方面发挥重要作用。

## 二、工作内容

### （一）聚焦服务国家和地方发展战略，布局建设大型设施

2019 年部省合建高校建设现场推进会议上提出，重点推进新疆大学等 4 所部省合建高校化工、化学科学（群）和大型系列研究设施建设。在教育部的大力推动下，清华大学、天津大学、华东理工大学、北京化工大学、厦门大学、大连理工大学等对口合作高校组织 30 余名专家到新疆企业进行需求调研。根据新疆煤炭资源丰富、煤种齐全、总储量占全国的 40% 以上、发展煤化工具有巨大优势，同时面临大量重质油资源利用效率较低困境，专家一致认为发展“煤油共炼”技术以及上下游相关领域技术，有助于突破煤化工行业煤炭清洁高效转化和石化行业重（劣）质油轻质化两个领域的技术难题，对引领能源技术革命、推进煤化工和石油化工产业升级、维护国家能源战略安全具有重要意义。由此确定建设“煤油共炼”大型研究设施（以下简称“大型设施”），研究形成《新疆大学“煤油共炼”大型系列研究设施建设方案》。按照教育部“需求导向、错位发展、共建共享、协同创新”原则，大型设施建设以“煤油共炼”高效转化技术与装备研究为牵引，以上下游产业链为主线，建设煤质分析与应用基础数据及其共享研究平台、“煤油共炼”高效转化技术与装备平台、“三废”处理转化与高值利用平台和下游产品高值化开发平台四个相互关联、相互支撑的研发平台。

（二）多方联动发力，打造高水平创新研究平台

教育部和自治区在政策和资金上大力支持新疆大学建设，自治区投入 52 亿元建成新疆大学博达校区。新疆大学统筹安排教育部资金和自治区资金，给予大型设施建设政策性倾斜，投入 1.6 亿元，在大连理工大学、华东理工大学等对口合作高校指导下，完成新疆大学博达校区 20000 平方米的现代化实验室建设，建成煤质分析与应用基础数据及其共享研究平台、“三废”处理转化与高值利用平台、下游产品高值化开发平台。搭建能够开展煤油共炼技术研究小型实验系统，具备高水平开展煤油共炼技术与基础、煤液化油品评价与改性提质分离、煤炭性质评价及数据库建立、煤炭分质分级利用、燃烧转化、煤化工下游产品开发、煤化工废水废气处理及固废物资源化、$CO_2$ 捕集封存与转化利用、煤基碳材料以及煤化工装备与安全等领域实验研究条件。

（三）校企合作优势互补，推动产业化示范基地建设

为促进科技成果转化，新疆大学开展科研成果向生产领域转化的重要路径建设，建设能够开展中试及产业化示范规模研究的“煤油共炼”高效转化技术与装

图 29　2022 年 4 月 24 日，新疆大学与中泰集团召开座谈会

备平台。针对学校在建设中试和产业化示范基地时存在的场地、公用工程、运行维护等方面困难，新疆大学联合克拉玛依市人民政府所属的克拉玛依市先进科技联合研究院，共同建设“煤油共炼”高效转化技术与装备平台的中试装置部分。目前，克拉玛依市先进科技联合研究院已投入资金 1.67 亿元，建成千吨级煤 / 重质油悬浮床加氢中试装置、千吨级固定床高压加氢中试装置、千吨级循环分离中试装置等，形成能够开展煤油共炼、劣质油 / 重油加氢转化、油品分离精制等中试示范研究基地。

## 三、突出成效

通过发挥大型设施牵引作用，新疆大学化学、化学工程与技术等优势学科在平台建设、队伍建设、科学研究、服务地方等方面取得显著进步。平台建设取得跨越，获批省部共建碳基能源资源化学与利用国家重点实验室、西北能源碳中和教育部工程研究中心、国家安全研究省部共建协同创新中心。师资力量得到极大

图 30　2022 年 1 月 8 日，新疆碳基资源综合利用学术研讨会召开

提升，引进“长江学者”特聘教授 6 人，天池特聘教授 5 人，1 位海外高层次人才，青年优秀博士 30 余人，建成 2 支自治区级创新研究团队。学科建设成效突出，支持化学、化学工程与技术学科分别入选自治区“十四五”提升工程学科、重点建设特色学科，有力支撑工程学和材料学进入 ESI 全球前 1% 学科。科研和服务能力明显增强，化学、化学工程与技术等学科承担国家级项目 100 余项，省部级以上重大和重点项目 10 余项，2022 年科研总经费达到 1.6 亿元，是 2019 年的 8 倍，其中横向课题经费 6000 余万元，是 2019 年的 22 倍。获自治区自然科学一等奖 2 项、二等奖 1 项，和企业联合获批自治区科技进步奖一等奖 3 项、二等奖 2 项。

## 四、经验启示

### （一）利用学科优势深化校企合作

以服务国家和地方发展战略为导向，以大型设施建设为牵引，推动平台建设与国家和地方产业发展需求相结合，推动优势学科与校企发展相结合，持续增强产学研用协同创新能力。

### （二）联建共享高水平大型设施

发挥“四方联动”合建工作机制，依托对口合作高校共同建设高水平大型设施及科研成果转化平台。以煤油共炼技术与装备研发为抓手，带动煤化工上下游产业技术创新和产业链的补链延链强链。建立联合创新基地，共同攻关行业关键技术问题，提升服务产业能力和水平。

### （三）优化资源聚力学科内涵式发展

通过高水平硬件条件、有效激励措施吸引高水平人才汇聚，促进大团队建设，提升学科承担国家和地方重大重点项目能力，有效发挥平台在科学研究、人才培养、队伍建设、服务地方等方面重要作用，推进资源优势转化为学科优势，助力学科内涵式发展和特色发展。

# 建设中国 - 东盟信息港大数据平台，服务东盟开放合作

广西大学

图 31　中国 - 东盟金融合作大数据平台

## 一、工作背景

2015 年，中国正式对外宣布启动中国－东盟信息港建设。2020 年 11 月 15 日，《区域全面经济伙伴关系协定》（Regional Comprehensive Economic Partnership，RCEP）正式签署。2021 年 9 月 17 日，习近平总书记在中国－东盟建立对话关系 30 周年纪念峰会上正式宣布建立中国东盟全面战略伙伴关系，提出“携手前行，接续奋斗，构建更为紧密的中国－东盟命运共同体”。为落实这一国家战略，广西大学成立中国－东盟信息港大数据研究院，建设中国－东盟信息港大数据平台，深入开展面向东盟的信息化领域政策研究和智库服务，用大数据的科学化、精准化、高效化助力中国－东盟命运共同体建设，为打造更高水平的中国－东盟战略伙伴关系科学研究提供智库和大数据支撑。2018 年，广西大学“土木工程与先进材料”“应用经济学与现代服务业”两个学科群入选教育部部省合建一流建设学科群，在部省合建政策和经费支持下，作为学科群 5 个大型研究平台之一的中国－东盟信息港大数据平台建设得到了快速发展。

## 二、工作内容

### （一）构建国家一流大数据创新平台

形成多个涉东盟的数据库，包括东盟媒体数据库、东盟舆情数据库、东盟宏观数据库、东盟金融数据库、东盟投资数据库以及全球政治数据库等。建成基于区块链底层技术研发的中国－东盟金融合作大数据平台、澜沧江－湄公河流域生态与经济大数据平台、西部陆海新通道全息综合数据平台、“泛南海合作”区域全息数据库平台、人工智能技术应用与“数字广西”大数据平台、全球价值链与中国－东盟生产贸易链大数据平台等六大数据平台。

### （二）开展面向东盟的政策研究和智库服务

建设东盟舆情监测中心，为国家相关部委涉东盟的舆情研判提供深度分析，

2019—2021 年累计撰写《国别舆情日报》7650 篇、《ASEAN 舆情日报》765 篇、《国别舆情周报》1620 篇、《国别专题分析》360 篇、《东盟舆情周刊（政治、经济、社会）》486 篇、《ASEAN 舆情周报》162 篇。2021 年撰写《涉华舆情每周一报》204 篇、《涉华舆情每月一报》48 篇、《涉华舆情每半年一报》8 篇，为自治区政府提供“一带一路”相关方面的资讯信息和政策建议。

### （三）提供专业的资讯、数据、咨询分析等社会服务

承担政府部门、企业委托的应用性项目和任务，为自治区发展和改革委员会撰写《东盟小语种翻译产业调研报告》，深入调查研究东盟小语种产业发展情况和未来发展前景，为东盟小语种语料库建设奠定基础；为自治区地方金融监督管理局构建的“广西金融发展指数”，客观反映广西金融发展、金融生态、金融舆情等方面的现状，在 2020 年 11 月召开的第 12 届中国 - 东盟金融合作与发展领袖论坛上首次发布；为南宁海关构建的“中国 - 东盟贸易指数”，在 2021 年 9 月召开的第 18 届中国 - 东盟博览会经贸合作论坛上发布，客观展出我国与东盟国家双边贸易的现实情况、蕴含风险和发展潜力，为双方探求合作方向、挖掘合作潜力提供科学指导和服务；连续几年为中国出口信用保险公司出具《东盟国家风险分析报告》，全面分析东盟各国政治、经济、社会等方面的风险，为走向东盟的企业对外贸易及投资提供风险预警和政策指引。

### （四）推进多形式的国际合作与交流

开展面向东盟国别与区域研究人才培养；2021 年 11 月 17 日成立中国 - 东盟大数据研究产学研联盟，加强中国 - 东盟高校、研究机构与企业在大数据研究领域交流合作。

## 三、工作成效

实现面向国际服务的行业微观数据的深入挖掘；建成立足广西、服务西南中南、辐射东盟的国际化大数据应用服务中心；搭建国内外学术研究共享交流平台；

贯彻落实国家金融业“互联网 +”战略，全面支持广西国际化、市场化、综合化改革，2019 年获首批数字广西建设标杆引领重点支撑平台，获批自治区工程研究中心；向教育部、中共中央对外联络部、自治区人民政府等政府部门上报决策咨询报告 48 篇，其中 1 篇获得国家领导人肯定性批示，1 篇获得中共中央政治局常委批示和高度评价，12 篇获得省部级领导批示；承担国家级重大项目 2 项、国家级科研项目 5 项、自治区重大创新驱动科研项目 1 项、教育部科研项目 11 项、省部级委托或招标项目 4 项、在研总经费 1916.188 万元；发表学术论文（会议论文）104 篇（其中一级学科顶刊 1 篇、CSSCI 期刊 43 篇、中文核心期刊 13 篇、SSCI 和 SCI 期刊 9 篇）；出版学术专著 3 本，发明专利授权 5 项（含美国发明专利 1 项），软件著作权登记 27 项。

图 32　广西大学东盟研究专著

## 四、经验启示

平台建设，一是要主动对接，主动服务国家发展战略，发挥“一湾相挽十一国”的地缘优势，聚焦东盟开放合作，以国家和东盟区域发展重大需求为导向；二是要充分发挥部省合建四方联动工作机制，用足用好部省合建专项资金，集中力量建设科研重器；三是学校出台支持举措，支持和重点建设应用经济学与现代服务业学科群建设；四是要改革内部管理体制机制，实行灵活人员管理方式，以项目为依托，采用兼职、技术咨询、退休特聘、科研合作等方式吸纳高端人才；五是要围绕“亚热带、东盟、海洋、边疆民族”办学特色，坚持特色一流原则，面向东盟，整合政府、高校、科研机构及企业等多方资源，推动先进信息嫁接金融、对接产业、服务实体经济。

# 建设世界大跨拱桥重要研发中心，支撑一流学科高质量发展

广西大学

图33 广西大学主持建设世界最大跨径拱桥天峨龙滩特大桥

部省合建和“双一流”建设是新时代高等教育领域建设教育强国和加快教育现代化的重要举措，是广西大学发展的重大机遇。广西大学土木工程学科作为土木工程与先进材料部区合建一流学科群的主干学科和世界一流建设学科，为更好地把握机遇，破解作为中西部欠发达地区学科在建设中面临的资源约束、人才缺乏、地方工业体系支撑不足等困境，强化一流学科建设的高质量内涵和高水平外延，建成广西风格、中国特色、世界一流的土木工程学科，学科以教育部对部省合建和“双一流”建设的有关指示精神为指引，以服务平陆运河和西部陆海新通道建设作为学科建设的根本抓手，凝练发展方向、明确发展定位、打造硬核实力，不断支撑学科高质量建设发展。

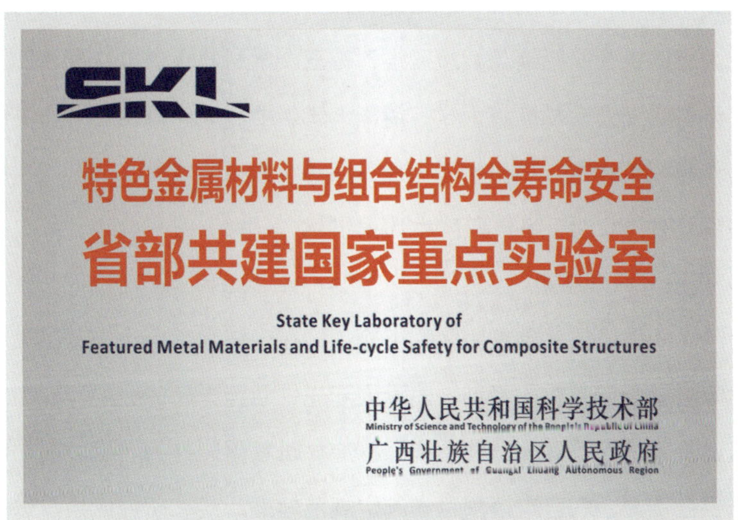


图 34 2022 年 12 月 27 日，省部共建特色金属材料与组合结构全寿命安全国家重点实验室获科技部批准立项建设

## 一、强化“七个引领”，锻造一骑绝尘精尖实力

自治区党委、人民政府从清华大学聘请土木工程学科领域杰出专家、长江学者特聘教授韩林海担任广西大学校长，广西大学从大连理工大学、华南理工大学

等对口合作高校引进安永辉教授、吴桂宁教授担任土木建筑工程学院院长和副院长，推动土木工程学科整改和建设。目前，土木工程学科以强化创新理论体系、组建创新团队、建设大科学装置、搭建高水平科研平台、服务大工程项目、构建标准体系、深化国际合作交流等“七个引领”，锻造真实力、练就真功夫，打造广西大学大跨拱桥关键技术教育部工程研究中心。

（一）创新理论体系

持续深入开展大跨拱桥设计理论研究，形成具有自主知识产权的大跨拱桥材料、设计、施工与运维成套关键技术，不断引领世界大跨拱桥技术发展。

（二）组建创新团队

立足国家战略、科学前沿和广西经济社会发展需求，学科结合自身优势，凝练出“特大跨拱桥智能建造与智慧运维”等五个学科特色方向；利用四方联动机制，围绕学科研究方向从同济大学、清华大学、浙江大学等对口合作高校和自治区战略合作高校柔性引进杰出学者担任首席科学家或学术带头人，与学科教师组建大跨拱桥关键技术创新团队等五大创新团队。

（三）建设大科学装置

在大跨拱桥关键技术创新团队的带领下，在同济大学、大连理工大学、华南理工大学等对口合作高校的帮助下建设国际先进乃至国际领先的“长大桥梁复杂受力加载试验系统”等五大试验系统，打造科研重器，并将在建成后与对口合作高校共享平台资源、联合申报项目和制定规范标准，共享研究成果，进一步加强协同合作，促进互补共赢。

（四）集中优势力量构建高层次科研创新平台

成立西部陆海新通道发展研究院和川藏铁路特大桥梁工程研究院，筹建省部共建特色金属材料与组合结构全寿命安全国家重点实验室、公路长大桥建设国家工程研究中心广西分中心（大跨拱桥建养技术研究中心）、水沙科学与水利水电工程国家重点实验室广西大学中心，提升学科科研能力。

（五）服务大工程项目

牢牢扎根八桂大地，深入服务西部陆海新通道平陆运河世纪工程、川藏铁路国家战略工程以及地方行业科技需求，牵头服务雅鲁藏布江藏木特大桥、平南三桥、天峨龙滩特大桥等世界级大跨拱桥工程建设；学科三个创新团队分别承担三项平陆运河建设相关的广西科技重大专项。

（六）构建标准体系

在服务大工程、大项目的过程中，不断实践验证和推敲总结，制订多部国家、行业、地方和协会标准，构建拱桥结构技术标准体系。

（七）深化国际合作交流

创办大跨度拱桥建设技术大会等重要国际学术会议、承办 7 个全国性重要学术会议，主办具有显著影响力的国际学术期刊，成立中国－东盟土木工程高校联盟，筹建西部陆海新通道重大基础设施全寿命安全与耐久学科创新引智基地（111 基地），提升学科国际影响力。

## 二、科研与社会服务成果丰硕，促进立德树人不断深化

大跨拱桥关键技术创新团队五年三破拱桥跨径世界纪录，以“西大”速度引领世界大跨拱桥技术发展，实现拱桥建设从“中国制造”发展为“中国创造”，建成了广西大学大跨拱桥世界重要研发中心，为土木工程世界一流学科建设提供有力支撑。学科骨干教师牵头获国家自然科学奖二等奖、国家科技进步奖二等奖，国家教学成果奖二等奖，2 项中国工程建设标准科技创新奖一等奖、3 项中国专利优秀奖、广西最高科学技术奖、2 项广西技术发明一等奖等重要奖项；服务的重大工程获世界桥梁大会最高奖“乔治·理查德森奖”、中国建设工程鲁班奖、中国土木工程詹天佑奖、中国钢结构金奖年度杰出工程大奖、国际桥梁与结构工程协会“杰出基础设施奖”提名等。学科在开展科研和社会服务过程中，锻造出一支结构合理、层次分明的师资队伍，组建形成以院士、国家级人才领衔，高水平中

青年人才为支撑的五个高水平创新团队，目前拥有1名中国工程院院士、22名国家高层次人才，团队教师梯队不断完善，青年人才不断扩充，具备了良好的可持续发展能力。

土木工程学科落实立德树人根本任务，不断将科研和服务社会的优势转化为育人优势。一是实施“立德树人堂堂讲”课程思政新模式，按照“一主线＋两驱动＋全覆盖”核心理念，推进该模式在土木工程专业课程实现全覆盖，学科2门课程获广西高校本科课程思政示范课程。二是以工程实践促进教学，鼓励在读研究生加入学科研究团队，参与世界级大跨拱桥等重要工程设计和施工；鼓励学生参加土木工程类全国竞赛，2021年全国竞赛获奖达75项，二等奖及以上25项。三是为行业培养输送高素质人才，毕业生就职于中铁集团、中建集团、广西交通投资集团等行业知名单位，为重要工程提供技术支撑和专业服务。

立足建设经验和基础，广西大学土木工程学科将不断培养行业复合型创新人才，胸怀“国之大者”和“广西之大者”，用实际行动践行习近平总书记“以国家战略需求为导向，积聚力量进行原创性引领性科技攻关，坚决打赢关键核心技术攻坚战”的指示精神，以“组建大团队、构建大平台、承担大项目、培养新人才、建立新合作、产出大成果、做出新贡献”的建设思路，高质量落实世界一流学科建设和部区合建，力争建成广西风格、中国特色、世界一流的土木工程学科。

# 打造重大科研平台，提升科技创新能力

内蒙古大学

图 35　内蒙古大学草原家畜种质创新与繁育基地科研平台基础建设项目在和林格尔新区隆重举行奠基仪式

## 一、工作背景

科研平台是广大教师开展各类科研活动的重要载体，是大学科研创新体系的重要组成部分，也是实施“有组织科研”、打造战略科技力量、服务国家战略需求的支点，在汇聚优秀科研团队、开展高水平科学研究、产出高端科研成果、培养未来领军人才、提升科技创新能力等方面都起着十分关键的支撑作用。特别是在“双一流”建设背景下，科研平台已成为建设世界一流学科的关键要素，在学科建设中的重要作用不可替代；学科实力的强弱，在某种程度上取决于是否在此学科上建立了一流的科研平台。基于此，内蒙古大学灵活引进各类高端人才，成立发展战略咨询委员会，重点打造了省部共建草原家畜生殖调控与繁育国家重点实验室和以张涌院士、金力院士、赵东元院士领衔的草原家畜种质创新与繁育基地、生物医学创新中心、材料化学科学创新中心等重大科研平台，以进一步提升科技创新能力，更好服务内蒙古的现代化建设。

## 二、工作内容

在教育部和内蒙古自治区政府的大力支持下，学校重点建设了省部共建草原家畜生殖调控与繁育国家重点实验室，同时在此基础上前瞻布局现代生物育种技术攻关平台，启动了草原家畜种质创新与繁育基地（以下简称“基地”）建设，开展种质资源保存与表型分析、代谢与营养调控、高效繁育技术、智能繁育管理、重大疫病防控等五大领域的科学研究。基地于 2020 年 8 月获批立项建设，位于内蒙古自治区呼和浩特市和林格尔新区，占地面积 899 亩；2021 年完成了项目总体设计、施工招标等前期准备工作，2022 年 3 月开工建设，一期工程投资 0.96 亿元，包括牛羊标准化养殖设施、表型综合实验场以及 0.5 万平方米的遗传繁育研究中心及相关配套设施，2022 年 12 月建成并投入试运行。基地的二期建设工程也已于 2021 年 11 月获得内蒙古自治区发改委的批复立项，投入资金 1.92

亿元，建设 2.2 万平方米的研究设施。到 2023 年，基地的科研和表型实验室面积达到 2.9 万平方米，牛羊饲养设施面积超过 4.3 万平方米，成为国内唯一的草原家畜大动物实验设施。同时，学校与复旦大学合作，共建生物医学创新中心和材料化学科学创新中心，以大幅提升学校生物学、材料、化学等一流和优势学科的建设水平。

为打造“一个基地两个中心”，推动生物学一流学科建设水平提升，学校创新高端人才引进机制，通过多种形式引进“长江学者”武利民教授、国家杰出青年基金获得者胡薇教授和张凡教授、国家青年千人计划入选者倪挺教授、吕东平研究员来校工作；聘请复旦大学校长金力院士为荣誉教授，并担任生物医学创新中心主任；聘请复旦大学赵东元院士、西北农林科技大学张涌院士为特聘教授，分别担任能源材料化学研究院院长和草原家畜种质创新与繁育基地主任；同时成立了由 19 名具有重大影响力的战略科学家、人文社科知名专家组成的内蒙古大学发展战略咨询委员会，为学校学科建设、人才培养、师资引育、成果产出等提供高端咨询。

图 36　内蒙古大学荣誉教授、特聘教授聘任仪式

## 三、突出成效

近年来，内蒙古大学省部共建草原家畜生殖调控与繁育国家重点实验室围绕肉牛品种选育、绒山羊肉羊种质创新保护等“种源”创新关键核心领域开展科研攻关，牵头立项国家自然科学基金区域联合基金重点项目、内蒙古自治区科技重大专项、科技攻关、自然基金重大项目等一批重大科技任务，新增种业科技专项资金4000余万元。在家畜营养对生殖调控的影响、家畜干细胞领域的研究不断取得突破性进展，相关研究结果相继发表在《自然协议》(*Nature Protocols*)、《美国国家科学院院刊》(*Proceedings of the National Academy of Sciences of the United States of America*)、《肠道》(*Gut*)等国际顶级学术期刊；培育的3个双肌黄牛新品系被农业农村部专家评价为“成果整体达到国际同类研究领先水平，对于增强我国畜牧种业自主创新能力具有重大战略意义”；建成国内最大的优质西门塔尔肉牛繁育基地和蒙古羊杂交改良基地，显著提升了内蒙古草食家畜规模化繁育水平；

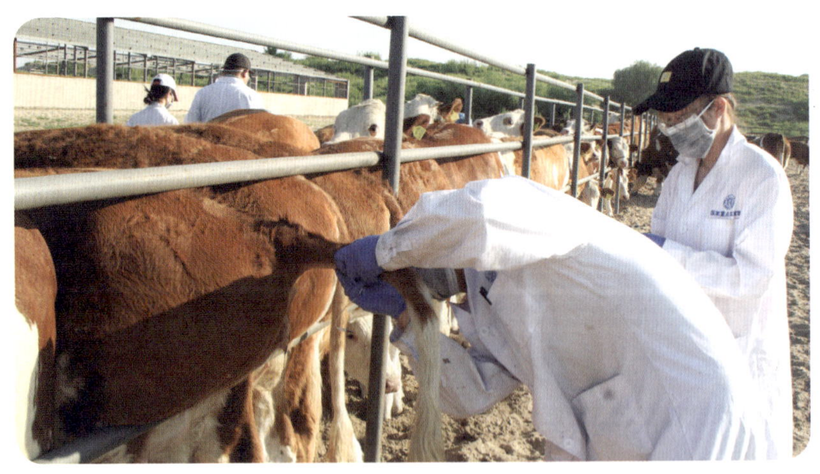

图37 内蒙古大学自主培育的双肌黄牛新品系是世界上首次通过基因编辑生物育种手段成功培育出的肉牛新品系

研究成果“阿尔巴斯绒山羊种质资源保护与创新利用”获得内蒙古自治区科学技术进步一等奖。这一系列标志性研究成果为草原家畜种质创新与繁育基地项目建设奠定了坚实基础，为建成世界草原家畜现代生物育种创新高地提供强有力的科技支撑。

## 四、经验启示

### （一）深入实施人才强校战略

西部高校在人才引进上不能光靠待遇，必须通过打造高水平科研平台来吸引高端人才、提升科技创新能力，从而形成平台汇聚人才、平台成就人才的良性互动。

### （二）坚持“四个面向”开展有组织科研

服务国家战略是“双一流”建设高校的使命和光荣所在。作为内蒙古唯一一所“双一流”建设高校，学校紧紧围绕党中央赋予内蒙古的五大任务，聚焦生物育种与健康养殖、牧草与特色作物生物学、新能源新材料等优势特色领域积极开展有组织科研，以攻克牛羊良种繁育领域的“卡脖子”技术难题。

### （三）创新科研平台建设和管理机制

科研平台建设有自身的规律，需要不断在实践中总结。学校按照“构建大平台，汇聚大团队，承担大项目，产出大成果”的理念，重点建设生物医学创新中心、材料化学科学创新中心等新型科研机构，以充分发挥重大科技基础设施的强大“磁力”效应，破解自治区相关领域的重大科学问题和产业发展瓶颈。

# 强强联合，打造一流国家科技基础条件平台

西藏大学

图 38　2019 年获批的那曲生态环境教育部野外科学观测研究站

## 一、工作背景

西藏大学一直十分重视大型科技基础条件平台在学科建设、人才队伍和科学研究方面的支撑作用。部区合建以来，学校充分发挥对口支援优势，借助智力援藏资源共建共享云端平台与对口支援高校武汉大学以及中国科学院青藏高原研究所、中国科学院地理科学与资源研究所、中国科学院水生生物研究所、中国科学院植物研究所植物园等国内高水平科研院所强强联合、优势互补，先后立项建设西藏雅尼湿地国家陆地生态系统定位观测研究站和西藏那曲高寒草地生态系统国家野外科学观测研究站（以下简称“那曲站”），瞄准国家布局和西藏战略需求，实施有组织科研，提升创新体系整体效能，推进一流学科建设。

## 二、工作内容

那曲站地处唐古拉山脉与念青唐古拉山脉之间的怒江上源区域，海拔 4500 米，属亚寒带气候区。台站建筑基础用地 1500 平方米，野外生态环境综合科学观测实验场地 50 亩。

2006 年西藏大学和德国马尔堡大学合作选址并建设高寒草甸生态环境综合野外观测站，开展羌塘区域生态环境综合科学观测研究；2009 年纳入西藏大学与中国科学院青藏高原研究所战略合作范畴，2010 年获批西藏自治区 - 中国科学院联合重点实验室，即自治区重点实验室“西藏大学 - 中国科学院青藏高原研究所那曲生态环境综合观测站”；2019 年 9 月获批教育部野外台站“那曲生态环境教育部野外科学观测研究站”；2020 年 9 月与中国科学院地理科学与资源研究所、中科院青藏高原研究所联合申报国家级野外台站；2021 年 10 月获批国家级野外科学观测研究站“西藏那曲高寒草地生态系统国家野外科学观测研究站”。

那曲站立足青藏高原，瞄准世界科学前沿，聚焦建设青藏高原国家生态安全屏障、打造青藏高原国际生态文明高地等国家和地方重大战略需求，围绕江河

（湖泊）源头冰川冻土侵蚀与融化、高寒草地（草甸）生态系统的退化与失衡、羌塘草原生物入侵与污染、牧区草场土壤污染与贫瘠化、流域水资源损失与水环境污染、区域大气环境污染与全球气候变化的响应、高寒高海拔区域多源固废的资源化与处置、特殊脆弱区生态环境保护与乡村振兴计划等羌塘高原具体的生态环境问题与经济社会发展瓶颈，集中生态学、环境科学与工程、生物学、化学、地理与资源科学、气候气象学、区域经济学等多学科优势资源力量，开展高寒高海拔区域生态环境系统对全球气候变化的响应机制、脆弱生态环境区域生物多样性的演替规律与适应机制、环境污染物在极端环境条件下长距离输送与跨多介质迁移转化机制、极端自然环境条件下污染消除技术、偏远农牧区生态环境保护与经济社会可持续发展途径与模式等的研究，形成了以本土人才为骨干，以教育部对口援藏高校以及国内外知名科研院所、高等院校知名科学家为强力智力支持，集综合野外观测、科学研究、人才培养、科普宣传教育、生态环境保护工程示范等多种功能为一体的综合性、开放性共享平台。

图 39　2021 年 10 月正式获名西藏那曲高寒草地生态系统国家野外科学观测研究站

## 三、突出成效

那曲站经过近 20 年的努力，建成了国际上第一个逐步增温增水及梯度增温增减水试验平台，还建设了增温增雪放牧试验平台、不同季节增温物候观测试验平台、不同退化程度高寒草甸增温试验平台、多年冻土模拟增温试验平台、河流湿地温室气体同位素分馏特征监测平台、江河源头水资源与水环境质量实时监测平台、河流湿地碳通量监测平台、氮和磷梯度添加实验平台、羌塘高原大气环境与辐射实时监测平台、物种剔除实验平台、自然条件下有机牧草种植及水肥调控关键技术研发平台、温室大棚有机牧草种植和管理关键技术研发平台、母牦牛牛奶提质增效关键技术体系研发平台等 13 个实验平台。

近五年来，依托那曲站承担（含参与）的科研项目 54 项，包括国家重点研发计划 5 项、优秀青年基金项目 3 项、面上项目 18 项、基金重点 2 项、青年基金 1 项、青年千人项目 1 项、“万人计划”项目 1 项、中国科学院先导 A 项目 3 项、中国科学院前沿科学重点研究项目 3 项、中国科学院青年创新促进会优秀会员项目 1 项以及其他项目 16 项，总获批科研项目经费 6000 余万元；发表科学论文 120 余篇，其中 SCI 论文 60 余篇，包括《美国国家科学院院刊》（*Proceedings of the National Academy of Sciences of the United States of America*）、《自然—通讯》（*Nature Communication*）、《生态》（*Ecology*）、《全球变化生物学》（*Global Change Biology*）、《植物和土壤》（*Plant and Soil*）等领域内顶级科技期刊；获得国家科技进步奖二等奖 1 项，省级科技奖一等奖 3 项，省部级教学成果奖一等奖 2 项、二等奖 1 项，获批国内外专利 10 余项；提交省级以上党委政府咨询报告约 10 份，获得省部级领导重要批示 5 份；培养研究生 20 余名，培训基层干部与农牧民技术人员 500 人次，举办全国性重要学术会议 10 余次。

## 四、经验启示

青藏高原是重要的国家安全屏障和国家生态安全屏障，在国际政治舞台具有极其重要而特殊的地位，一直以来受到了党、国家和全国各族人民的特殊关照，吸引着全世界的眼球。西藏大学在充分挖掘教育部对口援藏高校及国内外合作科研院所、高等院校优势智力资源支持的潜力下，结合青藏高原独具特色的生态地位及世界生态环境科学研究的天然试验场和处女地优势，产生了“借鸡下蛋”的效应，产出了更多更具显示度的重大科研成果，培养了一批极具创新意识和创新能力的本土科研人才和团队，留下了一个永远不走的科研平台。同时高寒高海拔地区重要的国家科技基础条件平台的建成，引发“筑巢引凤”的作用，吸引了来自世界各国的科学家依托台站开展相关领域的科学研究工作，同时向世界展示了国家、西藏自治区、西藏大学在青藏高原生态环境保护方面的决心和成效。这一切都在表明合作交流、开放融合、共建共享是实现双赢乃至多赢的前提和保障。

# 第三部分

# 服务地方主导产业

贵州大学：植物保护学科服务贵州茶产业发展

石河子大学：营造创新强磁场，助推资源产业转型升级

石河子大学：创新机械化技术装备，助推棉花产业提质增效

新疆大学：加强科技自立自强，服务新疆社会稳定与长治久安

宁夏大学：坚持『五个下功夫』，培养服务地方产业的卓越拔尖人才

宁夏大学：科技助力产业发展，献智出力乡村振兴

河北大学：活化传统文化场景，创新学科平台建设

# 植物保护学科服务贵州茶产业发展

 贵州大学

图40　贵州大学“博士村长”团队助力乡村振兴

## 一、工作背景

贵州大学充分发挥教育、学科、智力、技术等优势，运用“补脑扶智、动手扶业、弯腰扶贫”的“三扶”工作法，积极投身贵州脱贫攻坚主战场，主动作为。学校充分发挥植物保护世界一流学科的科技优势，积极组建茶产业团队，坚持生态优先、绿色发展的理念，围绕茶产业高质量发展宗旨，提出了“生态为根、农艺为本、生防为先”的防控理念，研发和优化集成以虫治虫、以草抑草、免疫诱抗等技术措施，解决了茶树生长安全、茶叶质量安全和茶园生态安全等问题。通过“校地协同、三双联动”培育新农人、推广新技术，切实提高农技人员和茶农的科技水平，持续推动“干净茶”成为巩固拓展脱贫攻坚成果同乡村振兴有效衔接的重要产业。

## 二、工作内容

### （一）找准对接“需求点”

自 2018 年 3 月贵州提出“来一场振兴农村经济的深刻的产业革命”后，学校积极组织全校相关专家开展深度调研，全面了解和掌握全省 88 个县（市、区）茶产业发展现状和科技宗旨，立足贵州地处长江珠江上游绿色屏障建设示范区、西部地区绿色发展示范区、生态脱贫攻坚示范区的战略定位，针对病虫害防治与“干净茶”发展的实际需求，组建了由宋宝安院士任组长的茶产业团队，全面对接支撑全省茶产业科技扶贫需求。

### （二）拉紧人才“队伍线”

贵州大学茶产业团队采取过程管理与结果考核相结合的方式，突出责任担当，狠抓帮扶措施落细落实。一方面，团队围绕茶产业发展的实际需求和自身团队技术优势，由院士牵头，青年长江学者、国家中青年科技创新领军人才等长期从事茶树病虫害发生流行规律与绿色防控技术研究与示范推广工作的成员组成攻关小组，制定了具体的工作方案，量化服务区域、示范基地数量、示范推广面积、解决技术问题、提升产量质量、技术培训人次、带动帮扶农户和贫困人口情况等考核指标。另一方面，校领导多次带队深入一线并集结省内茶产业相关领域339位专家深入田间地头进行科技帮扶，及时了解和帮助农户解决遇到的困难和问题。

（三）拓宽示范“覆盖面”

在疫情防控期间，贵州大学茶产业团队创新工作方式，积极采取“线上＋线下”技术服务模式，通过编制、发放技术服务方案、开设“溪山春雨”贵大助农云课堂、公开专家团手机号码、组建“贵州茶叶病虫害绿色防控技术示范”微信群，积极开展抗疫情促茶叶生产服务，技术资料在线浏览50余万次，微信群在线解答技术问题600余人次，并动员和鼓励广大返乡学生就近就地参加支农助农活动。建立“专家＋基地＋博士村长＋产业”的扶贫工作模式，全校精品水果、蔬菜、生态渔业等12个特色产业团队组织了300余支“博士村长”队伍，1200余名学生参与“带技术、带人才、带项目”服务贵州深度贫困县，其中，茶产业“博士村长”开展田间服务800余人次，带动“9+3”深度贫困县和其他贫困地区的产业发展和农民脱贫增收，形成了高校科技精准扶贫示范效应。

## 三、突出成效

（一）带动农民增收

帮扶范围覆盖贵州省43个重点产茶县（包括16个贫困县）、47个贫困乡、260个贫困村、30878个贫困户。据不完全统计，贵州省茶产业带动脱贫增收人口达24.82万人。

（二）带动产业发展

组织和参与制订全省茶产业发展规划、行动计划、实施方案、技术规程等20余项。累计投入1500余万元直接帮扶茶产业高质量发展。建设茶产业发展示范基地164个，年推广面积达300万亩，累计推广1410.84万亩。全省茶叶面积从

2007年的102万亩发展到750多万亩，连续7年稳居全国第一，带动涉茶人口340.3万人。

（三）带动成果转化

以宋宝安院士为组长，在全省43个主要产茶县全域推广茶园病虫害绿色防控集成技术，带动全省覆盖应用。在湄潭、凤冈、都匀等县建设茶树病虫害绿色防控技术示范基地164个。协助贵州贵茶（集团）有限公司严选加盟企业，制订联盟茶园管理方案。建设欧标茶示范基地50余个，并对其进行绿色防控技术指导，提出“让天下人喝上干净茶”的口号，从技术角度保障公司年出口茶叶超亿元，发展成为贵州茶叶出口龙头企业。

## 四、经验启示

坚持以人民为中心，在服务农村产业革命和助力脱贫攻坚的过程中，将高校人才和科技优势与农民群众急难愁盼问题紧密结合。始终坚持把懂农业、爱农村、爱农民作为学校茶产业团队工作的基本要求，切实解决实际生产中的技术难题，将最新的生产技术带到茶农身边，培养新型职业茶农。

坚持以产业需求为导向，瞄准贫困地区和建档立卡贫困人口的具体需求，充分发挥科技在精准扶贫精准脱贫中的支撑引领作用，着力满足贫困地区科技需求，提升产业能力。贵州大学茶产业团队结合自身科技优势和茶产业发展实际，将人才链和知识链转化为产业链，为贵州茶产业高质量发展提供技术和智力支撑。

坚持以成果转化为抓手，让科技成果走出实验室、走出校门，更好地转化为实实在在的产业活动，带动贫困地区产业发展、农户脱贫致富。贵州大学始终坚持推动科技成果落地转化，技术专家深入田间地头、农业合作社、产业基地、龙头企业送技术送服务，真正实现技术服务到村到户到人到产业。

坚持以示范引领为要求，扎实做好科技扶贫，做到服务对象精准、服务产业精准、服务方式精准、服务成效精准。贵州大学积极整合科技资源，狠抓茶产业科技“示范园”、助茶农增收“样板田”建设，通过“创建一个点，影响一条线，带动一大片”，打造出了一大批服务农村产业革命助力脱贫攻坚的示范基地，逐步形成具有高校特色的科技扶贫品牌效应。

# 营造创新强磁场，助推资源产业转型升级

石河子大学

图 41　万吨级无汞工业化试验平台

## 一、工作背景

以资源转化为主的化工产业已成为新疆经济发展的重要支柱。形成以新型工业化为主导的发展格局，促进资源优势转化为经济优势，是实现区域经济跨越式发展的重要途径。产业链条短、初级产品比重大、精深加工产品比重小、资源利用程度低、与资源环境矛盾突出等问题限制了新疆化工产业的可持续高质量发展。创新人才、优质化工教育、化工绿色转化与高效技术均是区域经济可持续发展的重要保障，是推动传统产业转型升级的重要动力。化学工程与技术学科群聚集区域经济产业发展关键问题，营造创新强磁场，开展以“油煤盐硅生物资源绿色转化、新材料可控构筑与应用、过程强化与集成应用”为特色的研究和高新技术开发工作，服务传统产业的低碳转型和“双碳”目标，助推资源产业转型升级。

## 二、工作内容

### （一）打造高端人才集聚高地，培养区域化工创新人才

针对地方化工技术创新人才缺乏、人才汇聚能力薄弱等问题，利用国家一流学科和“部兵合建”契机，实施学科特区建设，创新高端人才引育机制，推进资源分配和绩效考核改革。成功引进和培养国家级人才计划入选者 6 人，国家级青年人才计划入选者 2 人，其他省级人才计划入选者 21 人，引进优秀博士 25 人，博士学位的教师占比从 58% 提高至 77%。

师资水平提升驱动教育改革，通过实施“卓越工程师”培养、“1+2+1”联合办学、开设“屯垦戍边班”以及实施一流学科本科生拔尖创新人才培养计划等，大力培养区域化工创新人才。培训化工类工程技术人员 3000 余人，近五年培养的 2000 多名高素质毕业生中，55% 留在新疆或继续深造后返回新疆工作，造就了一大批适应兵团和区域经济社会发展需求，留得下、用得好的新型化工类创新人才。

（二）开放汇聚多方优势资源，创建区域化工创新中心

针对学科基础薄弱、一流平台建设缓慢和创新能力有限等问题，聚焦学科特色和地区资源优势，开放汇聚资源，扎根边疆共建创新平台，以更好服务区域积极社会发展。针对兵团支柱氯碱化工产业，由石河子大学牵头，联合天津大学等共建教育部省部共建协同创新中心。针对煤分级产物精细化利用，与清华大学等“部省合建”六所高校合作，对接新疆天业集团，共同建设大型煤化工科学研究设施。针对农业工程和化学工程学科交叉，联合加拿大、西班牙等 7 个国家 14 名外籍顶尖专家，共建“农业化工”高等学校学科创新引智基地。开放合作发展战略的实施，成功建设了一批创新平台基地。这些创新平台基地已成为西部化工领域的重要创新高地。

（三）融合学科前沿产业需求，助推重点产业低碳转型

针对资源利用程度低、产业能耗高等问题，围绕新疆优势资源转化的产业需求，集聚资源，协同创新。针对氯碱产业乙炔法 PVC 生产能耗高、污染重、高端产品缺乏的瓶颈问题，突破形成了电石法聚氯乙烯汞污染防治成套绿色技术，低汞催化剂汞用量降低 50% 以上，固汞和高效汞回收技术使汞的流失率下降 80% 以上，在天业集团年产 120 万吨聚氯乙烯装置中投入使用，技术水平达到国内领先，已成为世界知名的乙炔氢氯化无汞催化研究中心。开发了 9 种 PVC 特种树脂，形成企业标准 3 项，新工艺 3 项，产品销售额超过 22 亿元，新增利润 5117 万元，成为区域产学研融合发展的典范。

针对多晶硅产业存在的多步反应机理不清晰、过程能耗高、杂质难脱除、渣浆难处理等问题，与新疆大全新能源合作，解决了冷氢化反应中流场不均匀的问题，使冷氢化反应转化率提高 3% ～ 5%；制备的氮掺杂煤基活性炭材料实现了硼的高效分离，ppb 级浓度硼杂质脱除率达 99% 以上；渣浆中多聚氯硅烷回收技术实现了工程示范，回收率达 98% 以上。该技术成果助推了产业结构调整与优化，有力服务了新疆与兵团新型工业化战略。

## 三、突出成效

新疆优势资源化工利用团队入选首批“全国高校黄大年式教师团队”。“化工实践教学教师团队”获评全国石油和化工教育优秀教学团队。“氯碱化工清洁生产与产品高值化技术省部共建协同创新中心”获批教育部省部共建协同创新中心。“共建、共育、共赢——西部化工产教融合共同体创新与实践”入选2022年中国高等教育学会“校企合作　双百计划”典型案例。化学工程与工艺等4个专业成功入选国家一流建设专业。教学改革与实践成果获高等教育国家级教学成果奖一等奖1项、省部级一等奖1项，二等奖4项。增列化学工程与技术一级学科博士点，获批博士后流动站，获省部级以上科研奖励和荣誉16项，侯德榜化工科学技术奖2人，支撑化学学科进入ESI全球排名1%。

图42　新疆优势资源化工利用团队入选首批“全国高校黄大年式教师团队”

图 43　“共建共育共赢西部化工产教融合共同体创新与实践”入选 2021 年度中国高等教育博览会“校企合作　双百计划”典型案例

## 四、经验启示

营造英才汇聚的创新强磁场，有利于汇聚高层次人才，为学科发展增添活力。创新高端人才引育机制和资源分配和绩效考核改革，充分保障了团队特色方向的发展和青年骨干教师的提升，可作为范式推广，作为龙头辐射带动其他学科共同发展。

充分发挥对口支援等外部力量，推动学科发展。加强与支援高校间的密切合作，形成共享机制，发挥学科上的互补优势，建设大型平台、共同策划和争取国家重大项目；加强与新疆维吾尔自治区内外企业合作，实现产学研结合，以实现更多的科技成果转化。

注重跨学科协同攻关，构建人才高地、创新基地和产业引领阵地。充分发挥全国高校黄大年式教师团队的引领作用，传承育人初心，教学科研并重，着力服务国家战略需求和地方经济社会发展。

# 创新机械化技术装备，助推棉花产业提质增效

石河子大学

图 44　棉田残膜污染治理技术装备的研发应用——自走式秸秆粉碎还田与残膜回收一体机

## 一、工作背景

棉花是我国重要的战略物资，我国也是世界最大的棉花消费国。棉花生产是新疆农业经济的支柱产业，是农民增产增收、脱贫致富的主要经济来源。2021 年新疆棉花产量占全国总产量近九成。目前新疆棉花生产全程机械化已基本实现，在农机作业导航、水肥一体化自动控制等方面也有了一定基础，但仍存在生产成本高、人均有效管理面积少、综合效益低、棉田生态问题突出等问题，团队围绕棉花生产全程机械化技术推广应用、棉田残膜污染治理、棉花生产数字化等方面开展研发创新与推广示范，助推棉花产业提质增效。

## 二、工作内容

### （一）棉花生产全程机械化技术的推广应用

针对黄河、长江流域棉花生产成本高，种植面积逐年萎缩、新疆南疆棉花种植效益差的形势，在河北、山东及新疆南疆建立棉花全程机械化示范基地，持续开展技术推广示范工作。提出了“密度要上去、高度要下来”的棉花种植新理念，突出整地、精量播种、水肥一体化、精准施药 4 项技术的应用，取得了明显成效。农业农村部组织专家测产，结果表明，示范基地亩均产量由 270 公斤提升到突破 450 公斤，山东已实现大面积机械采收作业，用事实证明我国黄河、长江传统棉区实现棉花全程机械化可行。南疆巴楚县示范基地产量增产一倍多，提升了新疆南疆地区农民植棉致富的信心。

### （二）棉田残膜污染治理技术装备的研发应用

针对棉田残膜机械化回收存在的“回收率低、含杂率高、资源化利用困难”难题，提出了农艺、农机、农膜相结合新理念，探索出残膜机械回收、回收残膜综合利用新途径。发明了二阶链板式、前置清杂式、随动式、自走式等多种类型的残膜回收与秸秆粉碎还田联合作业机，在石河子、博州、库尔勒、阿克苏等地开展试验示范，作业面积超40000亩，工作性能稳定可靠，残膜回收率达到90%以上，含杂率低。残膜回收机械化技术2019—2020年连续两年入选农业农村部十大引领性技术。2022年在石河子市莫索湾垦区建设10万亩加厚高强地膜应用与机械化回收示范基地，作业效果得到基层管理部门和当地农户的广泛认可。

（三）棉花质量追溯关键技术装备创制与应用

针对棉花生产环节仍存在装备性能不高、质量追溯体系不健全、信息化水平低等问题，开展了从采收、预约交售、收购检验和开包扫码等环节棉花质量追溯关键技术装备的研发应用，突破了籽棉收购环节“一试五定”的快速检测技术装备，打破了棉花采收、收购、加工各环节信息孤岛，为确保“皮棉—籽棉—农户”的精准对应以及棉花质量差异化补贴政策顺利实施提供了有效技术保障。研制装备6种，形成团体标准2项。2021—2022年，棉花质量追溯产学研合作成果在自治区和兵团共18家加工厂示范应用，2021年累计收购棉花约24万吨，经济效益显著。

（四）机采籽棉加工预处理关键技术与装备开发应用

紧密围绕机采籽棉加工提质减损需求，针对影响棉花加工质量的机采籽棉加工预处理工艺和关键技术，从“异纤清除、杂质清理、籽棉调湿”三个方面入手，突破了多环节籽棉残膜系统清除、高效杂质清理和均匀调湿技术，并开展了核心技术装备研制，形成了机采籽棉预处理工艺体系；发明了缠绕、气流、复合式清除等机采籽棉残膜清除技术，提出了多环节籽棉残膜系统高效清除策略；发明了适合高回潮、高含杂等特性的机采籽棉柔性清杂工艺及非同心脉冲式隔条栅等关键技术，创新研制了高产、高效的双下吸风籽棉清理装备，达到了机采籽棉高清杂、低损伤的加工目标；发明了籽棉水分快速散失、热风温度宽窄带波动控制、沿程保温增热、变频雾化控制、干蒸汽加湿等技术，创新了塔式多层搁板结构、全封闭独立空间结构，实现了籽棉的高效保质干燥和均匀加湿。获国家专利27项，其中发明专利13项，研发装备11种，制定标准4项，获省部级优秀新产品3项。近3年成果在228家企业推广应用1500余台（套），并辐射到乌兹别克斯坦、苏丹等“一带一路”沿线国家。

（五）棉花生产精准管理技术与装备的推广应用

为解决农户种植收入低、栽培技术落后以及销售渠道短缺等问题，突破传统棉花产业主观性太强的种植瓶颈，研发了一系列棉花生产智慧精准管理技术与装备，开发新疆兵团棉花生产大数据平台。利用栽培、信息、自控等技术，开展多学科交叉攻关，采取“攻关→集成→示范→推广”的协同联动模式，创建了棉花规模化生产关键环节精准监控技术体系，建立了适合各生产区的棉花精准作业技术规程，引领了全国作物精准技术的创新和应用。实现农户每亩增产160元，近三年累计推广棉花种植面积2582.97万亩。

## 三、突出成效

农业农村部主管部门充分肯定石河子大学棉花生产机械化技术推广示范工作，2019年给团队负责人发来感谢信。“棉花生产全程机械化技术创新团队”2017年获农业农村部神农中华科技创新团队奖，2020年荣获兵团科技进步特等奖、2021年荣获兵团科技进步一等奖。现代农业装备教师团队2022年获评教育部“全国高校黄大年式教师团队”。培养国家棉花产业技术体系岗位科学家4人，其中副首席科学家1人，农业农村部“神农英才”计划入选者2人，荣获全国五一劳动奖章1人，培养自治区棉花产业技术体系名誉首席专家1人、副首席专家1人。

图 45　现代农业装备团队入选“全国高校黄大年式教师团队”

## 四、经验启示

聚焦兵团农业科技创新重大需求和重大任务，通过联合攻关、实战历练，持续跟踪培养具有发展潜力的青年科技人才，让更多青年人才担纲领衔重要科研任务，培养领域内的科技领军人才，引领创新方向，打造一流农业科技领军人才和创新团队。努力营造农业科技人才成长的软环境，充分激发积极性、主动性、创造性。优化项目管理模式、经费管理方式，让科研人员把更多精力放在科学研究上。建立包容创新制度，大力弘扬科学家精神，健全农业科研诚信制度，完善科研评价体系，营造良好学术氛围。

# 加强科技自立自强，服务新疆社会稳定与长治久安

新疆大学

新疆维吾尔自治区科技进步奖

证 书

为表彰自治区科技进步奖获得者，特颁发此证书。

获 奖 成 果：汉维大数据语义智能分析关键技术及应用

主要完成单位：新疆大学

奖 励 等 级：一等奖

奖 励 年 度：2021年度

新疆维吾尔自治区人民政府

2022年4月20日

证书编号：KD20210071

图46 “汉维大数据语义智能分析关键技术及应用”获2021年新疆维吾尔自治区科技进步一等奖

## 一、工作背景

习近平总书记在党的二十大报告中强调，坚持创新在我国现代化建设全局中的核心地位，加快实施创新驱动发展战略，加快实现高水平科技自立自强，加快建设科技强国。新疆大学立足“丝绸之路经济带”核心区建设，聚焦新疆社会稳定和长治久安工作总目标，围绕社会安全、食品安全等重大需求，对接和支持数字经济与社会发展，紧抓部省合建重大机遇，发挥学校计算机科学与技术学科群多语言多模态优势特色，科研创新能力持续提升，为解决新疆数字经济与社会发展“卡脖子”问题做出“新疆大学贡献”。

## 二、工作内容

### （一）聚焦“丝绸之路经济带”多语言处理原始技术创新，推动民心互通与数字经济发展，强化社会安全稳定

针对多语言多模态有害内容识别、审核和理解困难等问题，联合清华大学、国家计算机网络与信息安全管理中心、中国科学院自动化研究所等单位，组建多语言多模态智能处理团队，依托“社会治理与智慧社会科技支撑”国家重点研发计划项目、“面向公共安全与社会管理的互联网中文信息处理验证系统”、“维吾尔语汉语语音翻译系统关键技术研究”等国家重点项目，攻克多语言词干提取、分词、机器翻译、语音识别、声纹识别等原创技术和多语言多模态信息统一表征技术。开展“国家通用语言文字智能学习与评测”“边境广播有害信息智能识别”“少数民族语言出版物智能审读”等研究任务。与鹏城实验室签订战略合作协议，共同建设鹏城实验室新疆节点和多语言交流分中心，共同承担“中国算力网新疆枢纽节点项目”“多语言交流平台国际大科学计划培育项目”“乌鲁木齐区域性国际通信业务出入口局建设”等项目。

（二）深入对接产业开展多模态多孔硅生物传感器技术研发，创制食品安全检测生物传感器，提高食品安全检测技术水平

针对食品安全风险预警不足和检测智能化程度不高等难题，联合中山大学、新疆维吾尔自治区产品质量监督检验研究院、新疆天润生物科技股份有限公司等单位，组建食品安全多模态智能化检测与处理团队，获批国家重点研发计划项目和自治区重大科技专项项目。依托食品安全有关国家重点项目和自治区重大项目，加强食品安全智能检测技术研发，突破纳米多孔硅光子晶体生物传感器和相应的生物检测新技术，提升新疆食品安全检测技术水平。

（三）着眼服务安全稳定开展智慧农场关键技术研发，创建新型智慧农场，提高粮食安全保障水平

针对新疆农场自主化、协同化和智能化程度低等问题，联合清华大学、江苏大学、新疆农业大学、石河子大学、北京市农林科学院等单位，组建大数据分析与智能控制团队，组建优势特色学科群促进计算机科学与技术、机械工程、电气工程等多学科深度交叉。联合清华大学、西安交通大学、石河子大学、新疆农业大学、北京市农林科学院等单位国内优势科研力量，依托“物联网高能效组播路由研究及在牧区牲畜监测中的应用”国家级项目和“新疆慧尔股份农业信息化”项目，开展基于多模态的智能无人控制技术研发，获批国家重大科技专项和自治区重大科技专项。依托“群体智能自主作业智慧农场”国家重大科技专项项目，跨学科组建人工智能研究院，研发智慧农场关键技术，突破智慧农场生产作业智慧决策关键技术和群体智能无人作业关键技术，提升边疆粮食安全水平。

## 三、突出成效

新疆大学在国家和自治区重大重点项目上取得重大突破，获批国家重大科技专项“群体智能自主作业智慧农场”(1.5 亿元)、国家重点研发计划项目“社会治理与智慧社会科技支撑”和“新疆特色乳制品和干果质量安全保障技术的全链条

综合示范”以及自治区重大科技专项“基于群体协同的智慧农场关键技术与装备研发应用”。获批多模态信息智能感知与处理自治区天山创新团队，获批全国教书育人楷模 1 人、全国优秀教师 1 人。部分资政报告获中央领导批示。近五年科研总经费达到 5.7 亿元。获自治区自然科学一等奖、自治区技术发明一等奖、自治区科技进步一等奖 3 项。在中西亚多语种语言计算理论与技术等方面达到国际先进水平，研发的“丝绸之路经济带多种自然语言互译平台”入围 2019 年工信部“新一代人工智能产业创新重点任务”；机器翻译技术成果全国机器翻译大会相关评测获第一名；研发出纳米多孔硅光子晶体生物传感器和相应的生物检测新技术等一系列新技术，成功应用于自治区产品质量监督检验研究院、自治区计量测试研究院、新疆医科大学等科研机构实验测试与产品构建中，成果被认定“项目总体水平达到国际先进水平，部分检测技术达到国际领先水平”。智能制造现代产业学院入选全国首批现代产业学院。新疆大学入选首批“高等学校科技成果转化和技术转移基地”。

揭榜书

新疆大学：

根据《工业和信息化部办公厅关于印发新一代人工智能产业创新重点任务入围揭榜单位名单的通知》（工信厅科函〔2019〕284号），经多轮多方评议，兹由你单位作为潜力单位开展丝绸之路经济带多语言互译平台项目技术攻关，望集智聚力，争创佳绩。

工业和信息化部科技司

二〇一九年十二月

图 47 “丝绸之路经济带多语言互译平台”获批工业和信息化部揭榜挂帅项目

## 四、经验启示

### （一）坚持需求导向，前瞻布局科研项目

主动对接国家和区域战略需要，加强政策解读指导，提前谋划布局科技创新项目，给予政策支持和经费投入，加强项目全过程管理，不断提升原始创新和应用创新能力。有组织的科研和承担重大科技专项经验被《光明日报》等多家媒体报道。

### （二）坚持“四方”联动以合促建

发挥教育部、自治区、对口合作高校、新疆大学四方联动的工作机制，以建设“大团队、大项目、大成果”为抓手，跨校、跨学科组建科研团队，构建可持续合作发展机制，为合力开展重大项目和关键核心技术攻关提供有力支撑。

### （三）凝聚学科群优势，服务主导特色产业发展

以“双一流”建设学科为牵头学科组建学科群，聚焦新疆信息产业集群，以项目为载体加强校地校企校校合作，提升对接产业的精准性和有效性，为服务国家和新疆经济社会发展提供更有力的科技支撑。

# 坚持“五个下功夫”，培养服务地方产业的卓越拔尖人才

宁夏大学

图 48　银川文旅驿站

党的二十大报告强调“坚持为党育人、为国育才，全面提高人才自主培养质量，着力造就拔尖创新人才”。作为地处西北的部区合建高等院校，宁夏大学全面贯彻党的教育方针，落实立德树人根本任务，坚持以培养德智体美劳全面发展的社会主义建设者和接班人为目标，紧扣宁夏“六新六特六优”产业发展需求，以“四新”建设助推人才培养高质量发展，以“六卓越一拔尖”计划2.0引领教育创新发展，坚持做到“五个下功夫”，有效提升了人才培养的目标达成度和社会满意度。

## 一、在构建一体化育人范式上下功夫

通过实施“大学工+书院+学院”协同育人、“一站式”学生社区综合管理模式，成立本科生院、教学运行保障部等方式，进一步完善本科生院的招生培养、教学改革、教学质量提升、教师教学发展一体化育人机制。结合“四新”建设，通过组建食品与葡萄酒学院、材料与新能源学院、生态环境学院、民族与历史学院及前沿交叉学院等与重点产业紧密相关的二级学院，成立葡萄与葡萄酒、枸杞、奶产业等现代产业学院，形成了产教融合、校企协同，产业链、创新链、教育链有效衔接的应用型人才培养新机制。近年来，学校人才培养质量得到显著提升，学生毕业率达98.07%，学位授予率为98.47%，初次就业率达85.88%。社会用人单位对毕业生的评价中，98.66%的用人单位对毕业生的工作表现感到满意，97.33%的用人单位对毕业生的政治素养感到满意，98.67%的用人单位对毕业生的专业水平感到满意，97.99%的用人单位对毕业生的职业能力感到满意。

图 49　2023 年 3 月 21 日，宁夏大学在德勤楼六楼会议室举行宁夏大学奶业现代产业学院、地理信息现代产业学院、文化旅游现代产业学院挂牌成立大会

## 二、在优化学科专业结构上下功夫

制定出台《宁夏大学专业预警及动态调整实施方案（试行）》，对生源质量差，三率（转专业率、升学率、就业率）低，师资不足的专业进行预警和停止招生。现已撤销 2 个专业、停招 4 个专业，隔年招生 4 个专业、减少招生指标 7 个专业。出台《宁夏大学微专业管理办法》，建设人工智能教育应用、智慧水利、数字化创新创业管理、网络安全、现代生物技术、环境与健康、体育教育等 7 个微专业。申请大数据管理与应用、智能技术与工程等符合“四新”理念的学科交叉专业，拓宽学生跨学科交叉培养渠道。大力推进专业认证工作，2021 年来化学工程与工艺、汉语言文学等 4 个专业通过工程教育或师范类专业认证，化学、学前教育、英语等 7 个专业通过师范类专业认证的现场考查。获批 28 个国家级、9 个

省级一流专业建设点，12 个省级一流基层教学组织。

## 三、在强化课程思政教育上下功夫

通过成立课程思政教学研究中心，持续推进课程思政研究工作，立项国家和自治区思政课教学研究 14 项。建立“国家 + 自治区 + 学校 + 学院”四级课程思政体系，1 门课程入选国家级课程思政示范课程、教学名师和团队，10 门课程获批自治区课程思政示范课程、教学名师和团队，立项自治区级思政课程 31 项、校级 120 项、院级 47 项。定期开设教师的“课程思政工作坊”活动，严格把控课程思政的教学设计，评选优秀案例，出版《宁夏大学优秀课程思政案例集》，录制 117 个课程思政精品视频案例，建立本地课程思政优秀资源，推进课程思政建设理论研究和教学实践，加快形成示范体系。

## 四、在培养拔尖创新人才上下功夫

依托获批的 2 个国家卓越工程师试点专业、8 个卓越农林计划试点专业及 9 个自治区“卓越拔尖人才培养班”，顶层设计，完成两类“六卓越一拔尖”计划 2.0 共 12 个培养班的实体化招生；设置卓越工程师、卓越农林、卓越新闻等 7 个卓越班，数学、物理、化学、生物 4 个基础拔尖班。卓越班实施“双班主任 + 双实习 + 双导师 + 双学位”制度，基础拔尖班实行导师制、小班制及“3+1”互派访学机制。建立本硕博贯通培养方式，免试攻读研究生名额向基础拔尖班倾斜，形成本科生“早进课题、早进实验室、早进团队”的科教协同育人机制。学生团队自 2021 年来连续 2 年获全国“互联网 +”大学生创新创业大赛总决赛金奖。形成的“双向互动国际化及校企深度协同的机械学科卓越计划人才培养模式改革与实践”2018 年获得高等教育国家级教学成果二等奖。

图 50　2021 年 10 月 15 日，在第七届中国国际“互联网 +”大学生创新创业大赛全国总决赛上，宁夏大学“丝路宁夏文创——中国西部文化旅游融合发展领跑者”项目团队斩获高教主赛道金奖，这是宁夏高校首次在该项大赛全国总决赛中获得金奖，实现了宁夏参赛历史零的突破

## 五、在提升高校数字赋能水平上下功夫

依托信息化拓展教学时空，加强虚拟教研室建设，推进“智能 +”新型教研形态，推动教师面向未来开展教学实践创新。在教师培养上，开展“克隆班”计划，启动宁夏大学 40 门课程的主讲教师在线跟班听清华大学同类课程。在学生培养上，启动 4 个专业的慕课西行同步课堂计划。获批国家级虚拟教研室试点 3 个，参与 27 项，合作高校 100 多所。重点开展跨校间的主题活动，开展专业核心课知识图谱建设，不断提升教育共享资源程度。有 42 门课程入选国家智慧教育公共服务平台。在教材建设方面，通过启动数字化教材的建设和培育，引领教材数字化

推广与示范，已出版 20 本、培育 80 本数字化教材。

通过几年来的实践，我们深刻体会到：人才培养一定要吃透政策，抓好顶层谋划，结合学校办学实际，推进教育部新精神的落地落实；一定要强化综合设计，坚持统筹推进，在专业、课程、师资、教材、基地、保障、卓越拔尖人才培养、数字赋能等方面全面发力，扎实推进招生、培养、就业一体化联动机制；一定要善借外部力量，尤其要学习借鉴东部高校的经验做法，采用“走出去”和“请进来”等方式，利用好部省合建、东西部合作、慕课西行、虚拟教研室等政策红利，提升学校的本科教育办学质量。

# 科技助力产业发展，献智出力乡村振兴

宁夏大学

图 51　2022 年 5 月 13 日上午，宁夏大学与西吉县人民政府在西吉县龙王坝村举行校地合作签约仪式。校党委书记李星与固原市委副书记、西吉县委书记白学贵共同为“宁夏大学　西吉县人民政府乡村振兴基地”揭牌

近年来，宁夏大学紧扣乡村振兴战略目标，围绕乡村振兴对科技的迫切需求，充分发挥高校科技创新优势，通过创新一批关键技术、应用一批科技成果、培养一批基层专业技能人才，为全力助推宁南山区整体脱贫致富，决胜教育脱贫攻坚、阻断贫困代际传递贡献了力量。

## 一、着力构建支撑乡村振兴的创新体系

成立由党委书记和校长担任组长的“宁夏大学扶贫工作领导小组”，挂牌督战扶贫工作，建立与结对帮扶县（区）沟通协调帮扶机制，构建形成“四进四带”“进农村、进园区、进农田、进农户、带项目、带服务、带技术、带学生”服务模式，打造了一支“永不走的工作队”。围绕宁夏乡村振兴战略实施，成立宁夏乡村振兴战略研究中心，在脱贫富民战略实施、农业现代化等方面开展应用对策研究和决策咨询。近年来，宁夏大学与西吉县签署全面合作协议，共建乡村振兴基地，进一步深化落实宁夏大学协助教育部办公厅结对帮扶西吉县工作任务，实现巩固拓展脱贫攻坚成果同乡村振兴有效衔接。每年选派 60 名专家扎根一线，致力于科技扶贫事业，涌现出李锦馨、吴心华、文琦等一批深入基层服务“三农”工作，巩固脱贫攻坚成果、助力乡村振兴的优秀代表。立足区域发展实际情况，科学规划产业发展。根据南部山区贫困村实际情况提出的“发展两草两木花卉，变树为花，变长为短，长短结合”的产业结构调整思路，赢得当地群众认可。引种的玉米、草种、马铃薯优新品种，栽培的百合、郁金香、玫瑰、油用牡丹等优良耐寒花卉，有效提高了农户经济收入。

## 二、充分发挥高校独有的科学技术优势

根据贫困地区资源和区位特点，组建与产业相关创新团队，充分发挥技术创新和各类平台优势，搭建人才高地和技术源头，形成农业科技集成力量，集中突破一批特色产业发展“卡脖子”关键核心技术。大力选派业务能力强、服务水平

高的专家作为科技扶贫指导员，布局若干服务地方科研项目，依托项目引进与集成一批示范关键技术，建立核心示范基地，引导科技创新主动服务、深度参与乡村振兴。2021 年以来，建成科技示范基地 1.4 万亩、辐射推广 138 万余亩，培训农业技术人员 260 余名、农民 7000 余名。主持的国家重点研发计划项目“黄花菜、高山蔬菜产业关键技术研究与应用示范”，创新高山蔬菜种苗集约化标准化、农机农艺融合、高产优质高效栽培、绿色综合防控等生产关键技术和相关智能装备，助力自治区乡村振兴行稳致远。

图 52　2022 年 8 月，“十四五”国家重点研发计划“乡村产业共性关键技术研发与集成应用”重点专项“黄花菜、高山蔬菜产业关键技术研究与应用示范”项目启动会在银川举行

## 三、积极构建符合宁夏实际的特色育人模式

始终坚持扶志与扶智相结合，围绕“课程思政”，把巩固拓展脱贫攻坚成果和乡村振兴作为国情教育和思政课堂的重要内容，持续强化乡村振兴育人效果。面向新农业、新乡村、新农民、新生态，主动对接乡村振兴战略重大需求，加快构

建适应新农科发展的人才培养体系，加大涉农专业人才培养力度。建立健全农村家庭经济困难学生教育帮扶机制，全覆盖资助经济困难学生，加强经济困难毕业生就业帮扶指导工作。

## 四、努力破解基层党建突出问题

针对村级党组织建设薄弱问题，大力实施“两个带头人”工程，充分发挥“第一书记”攻坚克难领路人作用。稳步推进党员队伍“一个党员一面旗、一个党员一道岗、一个党员一对红”的“三个一”品牌活动进程，抓好党建品牌活动建设，发挥党员队伍在村级事务中的引领和示范作用。常态化组织暑期大学生志愿者开展村情调研、教育关怀、党史宣讲、普法宣传、政策讲解等科技文化卫生“三下乡”和志愿服务活动。累计组织 20 余支大学生团队共 200 余人开展村情调研、教育关怀、党史宣讲、普法宣传、政策讲解等志愿服务活动，不仅繁荣了乡村文化，使村民感受到知识的温度与力量，更为乡村文化振兴注入了源头活水。

图 53　2022 年 7 月 5 日至 21 日，宁夏大学暑期社会实践乡村振兴实践团为宁夏大学帮扶的宁夏固原市原州区炭山乡南坪村主干道及街道两侧公共墙体绘画上墙 650 余平方米

在服务乡村振兴战略的过程中，我们深刻体会到：助力乡村振兴是宁夏大学的使命和责任，也是学校自身发展和推动部区合建工作的必然要求。只要始终坚定不移贯彻落实习近平新时代中国特色社会主义思想，坚持在服务中心大局中更好地落实立德树人根本任务，坚持在实践实干中培养造就一支懂农业、爱农村、爱农民的人才队伍，就一定能发挥好高校的人才和技术优势，在乡村振兴中有所作为、有大作为，进而为实现高校人才培养“知识传授、价值塑造、能力培养”的三位一体转型升级的内涵式发展目标奠定坚实基础。

# 活化传统文化场景，创新学科平台建设

河北大学

图 54　保定市人民政府与河北大学共建莲池书院签约暨莲池文化大讲堂启动仪式

习近平总书记在党的二十大报告中指出，要“坚守中华文化立场，提炼展示中华文明的精神标识和文化精髓”。自部省合建工作启动以来，河北大学以燕赵文化学科群为核心，依托莲池书院这一极具内涵和价值的传统文化场景，积极探索学科平台建设的创新路径。

## 一、工作背景

莲池书院是清代官办书院，被誉为“全国书院之冠”，是中华传统书院文化的代表，也是燕赵文化的一个重要标志，在继承传统书院文化和推进中国近代化过程中起着重要作用。经与保定市政府协商，河北大学全面接管莲池书院，将其打造成为燕赵文化高等研究院重要的学术研究和文化实践平台。燕赵文化高等研究院组织中国语言文学及相关学科的学术力量，积极开展传统经典文化、书院文化、畿辅文化、园林文化的创造性转化和创新性发展，力求深入挖掘莲池书院丰富的历史文化精髓，打造具有重大影响力的中华优秀传统文化标识，为深化燕赵文化研究、讲好中国故事、促进区域经济文化发展贡献力量。

## 二、工作内容及突出成效

### （一）深入开展传统书院文化研究

燕赵文化高等研究院组织了传统文化、文献、民俗文化以及文化产业发展等多个研究团队，深入发掘整理莲池书院在经学、文学、书法等方面的成果，展示其在振兴北方经学、融汇中西文化、引领近代中国高等教育等方面的贡献。通过组织专题研究，加深了对燕赵文化和中国传统文化的理解，有力支撑了保定市“书院之城”建设，为传统书院现代化发展夯实了理论基础。目前已经出版了《吴汝纶全集》《张裕钊全集》《章学诚全集》《河北书院志初稿》等相关著作，发表多篇书院文化研究论文，相关团队获批教育部哲学社会科学研究重大课题攻关项目1项、国家社科基金项目1项。

图 55 出版一批高水平书院研究成果

（二）发挥莲池书院的育人功能

组织教育史专家系统研究莲池书院传统教育方式、教学模式和相关课程，并通过多种手段在莲池书院遗址再现了部分教学场景、课程、礼仪，使得历史遗迹成为活生生的传统文化课堂。成立河北大学莲池本科生书院，培养传统文化和文化创意人才，在原有课程中选择近十门合适的科目进行课程体系改革，一方面在教学场景设施上融入莲池书院，重现莲池书院教学场景和教学方式，另一方面加大文化实践活动的比例，学生须在书院内完成指定的文化服务工作，由此全面提升学生对历史文化底蕴的切身感受。沉浸式教学体验成为传统文化教育的有益尝试，有效提升学生的传统文化认同和文化自信，推动了书院教育的现代化发展。

（三）建设有影响力的城市文化空间

举办莲池书院大讲堂，邀请国内外知名专家围绕传统文化、民俗文化、地方艺术、红色文化等领域开展系列讲座，讲座通过电视、网络直播，每场直接受众超过万人。不定期组织国内外非遗项目、区域文化成就、晋察冀红色文化、雄安新区建设等内容的展览展演活动。组建莲池写作中心，恢复《莲池》文学杂志，组织读者见面会、读书会等区域性文化活动。开展节庆吟诵、游园等群众文化活动等，为广大市民贡献文化大餐。

图 56　莲池书院大讲堂邀请北京师范大学教授、博士生导师张涛以“《周易》的智慧”为题举办国学讲座

（四）探索文化产业人才培养新路径

将河北大学双创教育和保定市青年文化人才创业项目纳入莲池书院平台，统筹学术、资金、市场等资源，约请校内外专家开设相关课程，面向全市文化管理干部、文化创意从业人员开展多次专题培训和讲座，建设传统文化创意人才培养基地。文化创意团队开发系列文化创意产品 50 余种，其中以古莲花池景观与传统织造技艺结合的“古莲花池”系列文化创意产品，得到省委领导的高度评价，并被外交部认证为外交礼品。在莲池书院内设立河北大学文化产业研究院，为古城区改造、文化村镇建设、古建筑修复等提供学术支持，其中大激店古镇改造更新项目已经取得显著成效，助力大激店村由贫困村一举成为全国乡村旅游重点村。

（五）打造对外交流合作新平台

在莲池书院建设方案编制中，学校邀请故宫博物院、岳麓书院、鲁迅博物馆等研究员、专家以及国内历史、文化等方面的知名学者全程参与，精心设计教学科研环节和文化交流展示活动。河北大学莲池书院已与湖南大学岳麓书院签订协议，在学术研究和人才培养方面开展合作，实现南北两大书院的协同发展；还与故宫博物院、鲁迅博物馆、陕西师范大学红色文化研究中心等签订合作协议，共同开展文化研究、文化人才培养。

## 三、经验启示

莲池书院建设，立足于文化自信和新时代文化创新的理念，本着系统性观念，发挥学科优势，深入发掘文化场景的精神内涵，为传统文化创造性转化和创新性发展奠定基础。全面加强与政府的合作，瞄准社会发展现实需求，引导学术研究和科研创新。通过科研与育人结合、学术与社会服务结合等方式，充分发挥历史场景的作用和价值，开展创新性的学科建设活动。莲池书院作为一种新型的学科平台，必将在提升相关学科建设水平、继承和创新优秀传统文化、建设中国式话语体系中做出更大的贡献。

# 第四部分

# 提升人才培养质量

云南大学：『理解中国』育人计划创新『大思政』教育

南昌大学：弘扬井冈山精神，厚植双创教育沃土

南昌大学：创新社会实践形式，打造实践育人新格局

郑州大学：对标世界一流，打造国际化示范学院

山西大学：学科专业深度融合，提升人才培养质量

# “理解中国”育人计划创新“大思政”教育

云南大学

图 57 “理解中国”壹读读书会

## 一、工作背景

2016 年 12 月，习近平总书记在全国高校思想政治工作会议上强调，要教育引导青年学生做到“四个正确认识”。同年，云南大学创造性提出“只有深刻地理解中国，才能更好地建设中国”的育人主题。2018 年以来，云南大学统筹部省合建和“双一流”建设，紧密围绕“培养什么人，如何培养人，为谁培养人”这个根本问题，坚持立德树人，深入实施“理解中国”育人计划，引导学生了解历史中国，认识现实中国，把握未来中国，建设当下中国，努力创新“大思政”教育，把“理解中国”育人计划建设成为云南大学立德树人品牌。

## 二、工作内容

### （一）构建育人体系

通过“信仰篇·赓续”引导学生深刻领悟党坚持把马克思主义基本原理同中国实际相结合、同中华优秀传统文化相结合的非凡历程，理解中国共产党，传承红色基因，汲取前进力量。通过“认知篇·阅读”引导学生在阅读经典中涵养品格、博闻强识、辨析真伪，在鉴知古今中认识客观世界，读懂当代中国。通过“体悟篇·观察”引导学生深入中国社会，了解世情、国情、党情、社情、民情，把握新发展阶段，认清世界和中国发展大势。通过“探索篇·科研”引导学生扎根中国大地研究中国问题，养成以中国主体性为价值核心的学术精神，提升学术思维和能力，建设学术中国。通过“践行篇·服务”引导学生把青春华章书写在祖国大地上，在服务社会的实践中厚植家国情怀，练就过硬本领，主动担当起民族复兴大任的时代使命。通过“比较篇·对话”引导中国学生走出国门，在国际比较中坚定“四个自信”；引导国际学生正确认识中国，向世界展示真实、立体、全面的中国。

（二）建设资源体系

包括由“理解中国”主题课程思政 17 项和专门课程 2 门构成的课程资源；在云南 10 个州市建成“理解中国”社会观察基地、社会工作服务站、调研服务基地、文化旅游服务站、研修实践基地、创新人才培养基地、国情教研基地等 28 个教学基地；由系列丛书 18 部、系列视频 213 个、系列论文集 36 册、系列成果集 15 册、线上栏目 5 个、话剧 1 部组成的教学素材；由专家学者、学工队伍和专业教师组成核心团队，知名学者、基层干部等社会各界人士共同参与的师资队伍；由“理解我的国”公众号、“理解中国”网站、微信公众号、抖音号等组成的宣传平台；由全国“三全育人”综合改革试点单位、全国重点马克思主义学院（培育）、教育部哲学社会科学实验室（培育）、中央四部委铸牢中华民族共同体意识研究基地、多年生稻科技小院、国家社会工作专业人才培训基地等组成的支撑平台。

图 58　“理解中国”北大、云大师生重访魁阁

## 三、突出成效

### （一）内涵式提升人才培养质量

学生理想信念更加坚定，涌现出一批“中国大学生年度人物（提名）”“强国青年”等模范人物；学生能力素质有效提升，依托该计划获“挑战杯”全国一等奖、“互联网 +”大赛国赛金奖等国家级奖项 42 项；产出省级及以上各类竞赛获奖和项目、核心论文等共 4800 余项（篇）；以调研服务内容为素材撰写毕业论文 913 篇；学生使命担当更加自觉，通过社工服务、文旅服务、支教等行动把论文写在祖国大地上，积极参军入伍，主动扎根西部扎根基层。

### （二）精品化打造思政育人品牌

该计划面向全校师生开放，课程、项目、基地、教学素材等资源让全校师生广泛受益；3 个子项目获教育部高校思想政治工作精品项目，中国教育电视台深度

图 59 “理解中国”2018 暑期研究生调研服务团河口分队

报道 1 次，被列入教育部“高校书记开局项目”，获团中央中国青年志愿服务大赛金奖、银奖等 3 项；《光明日报》、《中国教育报》、《中国青年报》、人民网等宣传报道 100 余次；国内外 300 余所高校学生参与活动。

（三）嵌入式服务地方经济社会发展

调研服务彩云南专项行动组织师生沿着习近平总书记的足迹深入怒江、腾冲、鲁甸、大理等地开展理论宣讲、产业咨询等，共谋乡村振兴；深入云南各县（市、区）形成调研报告 1600 余份，各有 1 份获云南省委书记王宁、省长王予波批示；赴州（市）开展定向服务、产业服务、支教、挂职和研修实践 3 万余次。

## 四、经验启示

（一）准确把握新时代人才培养目标

全面贯彻党的教育方针，落实立德树人根本任务，培养德智体美劳全面发展的社会主义建设者和接班人，需要集价值塑造、知识传授和能力提升于一体，着力培养具有批判精神、独立思考能力、高度社会责任感、跨学科知识和国际视野的一代新人。

（二）创新人才培养模式

把培养担当民族复兴大任的时代新人具化为引导学生理解中国的教育教学活动，推动思政教育逻辑重构，实现了思政教育规律性与时代性的高度统一；变革课堂教学，改革育人评价，推动了人才培养改革；以中国社会为课堂，打造师生学习共同体，呈现探究式、互动式教学场景，推动了教学模式创新。

（三）大力推进融合教育

把握“融合”这一时代特征，践行教书与育人融合、教学与科研融合、学科专业之间融合、教师与学生融合、学校与社会融合的“融合教育”理念，把思想政治教育贯穿人才培养全过程，架起思政教育与学校办学治校各项工作之间的“立交桥”，将“学校小课堂”延伸到“社会大课堂”，构建“大思政”育人体系。

# 弘扬井冈山精神，厚植双创教育沃土

 南昌大学

图 60　南昌大学稻渔工程团队送科技下乡

## 一、工作背景

南昌大学自2018年入选部省合建高校以来，坚持落实立德树人根本任务，践行“人才强校、特色创新、产教融合”三大发展战略，围绕培育学生创新创业精神的主旨，不断完善基于专业创新的递进式能力培养体系，促进学生实现基于专业的自主创新能力、超越专业局限的知识迁移能力以及独立创新的跃迁能力的全面发展。

南昌大学先后获批全国首批“深化创新创业教育改革示范高校”“全国高校实践育人创新创业基地”“全国创新创业典型经验高校”“江西省大众创业万众创新示范基地”等，被认定为国家级创新创业学院建设单位。2021年，学校成功承办第七届中国国际“互联网+”大学生创新创业大赛，并获全国总决赛冠军。

图61　南昌大学在第七届中国国际“互联网+”大学生创新创业大赛中斩获全国总冠军

## 二、工作内容

### （一）突出项目引领

学校在人才培养方案中专设了创新创业学分，并将学分项目化，引导学生掌握创新创业知识，培养创新创业意识，提升创新创业能力。建立了校、省、国家三级大学生创新创业训练项目体系，面向本科生开放各类实验室，引导学生早进实验室、早进科研团队、早参与创新创业项目，培养学生养成自主学习和创新创业的能力。出台了《第三学期制实施方案》，从学制层面确保学生 100% 参加创新创业实践活动。打造了全周期创新创业活动的数字化管理平台，对创新创业项目等进行全过程监管，健全创新创业项目的管理机制。

### （二）坚持竞赛提升

学校鼓励学生参与“互联网 +”大赛等高水平、高质量的学科能力竞赛，加强创新创业项目的培育，引导学生提升专业创新能力，全面提高创新型人才的培养水平。建立健全创新创业项目的培育机制，成立以校长为组长的创新创业教育改革工作领导小组，组建创新创业学院，以“互联网 +”大赛为抓手，围绕项目培育细化职责分工，形成了上下联动、全员协同的双创项目培育机制。印发《关于鼓励师生参加中国国际“互联网 +”大学生创新创业大赛的实施意见的通知》等政策文件，提供全方位的政策保障。承办、协办“互联网 +”省赛，并作为地方高校首次承办“互联网 +”国赛，组织项目集训营、创客沙龙等双创活动，营造出良好的创新创业氛围。

### （三）注重平台托举

学校依托国家级大平台、大项目、大成果、大团队，培育学生的创新创业思维。依托 5 个国家级实验教学示范中心、2 个国家级虚拟仿真实验教学中心等平台，支撑创新人才培养。聘请校内外专家学者、行业顶尖人才、资深投资人、知名校友担任双创导师，组建多层级、多学科的双创师资团队，构建了高质量团队互助、朋辈帮扶的“传帮带”辅导机制。将思政项目、国家重点研发计划、省部重大科技项目、大创项目等优质项目资源融入实验教学平台，引导学生深度参与项目运行的全过程。

（四）强化成果孵化

学校依托各类学科竞赛，面向国家和区域发展需求，整合校内外创新创业优势资源，完善创新创业成果孵化机制。对内协同招生就业处和国家大学科技园等单位，设立大学生学科竞赛基地、大学生创新创业实践基地、“汇智众创空间”以及“星火众创空间”等，对外协同校友工作办公室积极对接社会资源，聘任校外双创导师、搭建校企合作实践教学平台、完善项目落地孵化保障等服务模式，积极推进大学生创新创业实践，涌现出一批创业团队典范。

## 三、突出成效

（一）人才培养质量提升

学生 100% 参加创新创业理论课程学习，100% 参加创新创业实践项目。学校在中国高等教育学会公布的 2017—2021 年全国普通高校大学生竞赛排行榜（本科）列第 28 位，其中 2021 年位居全国高校第 9 位。

（二）协同育人效果显著

2021 年，学校成功承办第七届中国国际“互联网 +”大学生创新创业大赛，大赛冠军项目“中科光芯——硅基无荧光粉发光芯片产业化应用”项目已形成上中下游产业链，每年产销额超 20 亿元。“稻渔工程”团队持续服务乡村振兴战略，荣获“中国青年五四奖章集体”。

图 62　第七届中国国际“互联网 +”大赛冠军项目“中科光芯——硅基无荧光粉发光芯片产业化应用”项目产品生产线

（三）示范引领作用凸显

中央电视台、中国教育电视台等对学校创新创业教育工作专题报道 30 余次，《人民日报》《光明日报》《新华网》《中国教育报》等主流媒体报道 400 余次。教育部简报〔2021〕第 54 期《南昌大学聚焦“四力”支持学生创新创业》对南昌大学创新创业工作进行了报道推广。

## 四、经验启示

（一）建立了有效的创新创业工作统筹机制

学校成立了以校长为组长的创新创业教育改革工作领导小组，成立创新创业学院，并先后出台《深化创新创业教育改革实施意见》等政策文件，将双创教育纳入学校“十四五”等总体发展规划。

（二）形成了完备的创新创业教育生态链

在育人理念方面，实现了从择业就业教育向创新创业教育的转变；在质量标准方面，严把双创教育质量关，“敢闯会创”成为大学生培养的必备素质；在培养模式方面，建立“四融四育”的创新创业育人模式；在课程建设方面，线上线下齐发力，打造出系列创新创业教育“金课”；在体制机制方面，形成科教结合、产教融合的协同育人机制；在教学方法方面，推动现代信息技术和教育教学的融合发展；在实践训练方面，搭建了三阶递进式的实践育人平台；在质量文化方面，打造出既体现地域特色又具有全球视野的双创文化。以上多个要素环环相扣、层层发力，协同打造贯穿双创教育全过程的生态链。

# 创新社会实践形式，打造实践育人新格局

南昌大学

图 63　南昌大学第一临床医学院"医心情系铜鼓，青春助力兴源"社会实践队

## 一、工作背景

南昌大学围绕习近平新时代中国特色社会主义思想，培育和践行社会主义核心价值观，突出“引领力、组织力、服务力和成长力”建设，按照“按需设项、据项组团、双向受益”的工作原则，引领广大青年学子在实践中经风雨、受教育、长才干、做贡献，为南大学子构建“信仰筑梦之旅”，激励南大学子用信仰筑梦、用实践担当，努力走出属于南大青年的成才报国之路。

## 二、工作内容

### （一）聚焦社会实践主责，推动社会实践课程化

聚焦学生成长成才需要，学校打造“行走的社会实践课程”。组织开展“青春告白祖国”实践活动和红色走读线上“云游”实践及实地实践，重温百年党史，将理论学习和社会实践相结合，打造行走的“思政教育”课程；聚焦“十四五”时期全面推进乡村振兴的重点任务，助力基础教育，推动家园建设，加强社会调研属性，打造行走的“国情民情”课程；推广大学生社区实践活动，提高返家乡社会实践活动影响力，加强个人成长属性，打造行走的“成长发展”课程；拓展寒假社会实践个人专项活动类型，提倡“青春爱劳动”居家实践活动，打造行走的“劳动教育”课程。

### （二）丰富社会实践主题，助力社会实践体系化

联合校内单位，丰富社会实践内涵，建设具有南大特色的“社会实践＋”项目体系。联合党委统战部，开展“社会实践＋民族团结”实践活动，组织少数民族学生了解家乡经济发展、社会面貌及人民生活水平的变化发展情况，促进民族团结意识入脑入心；联合学生工作处、学生资助中心，开展“社会实践＋助学育人”实践，帮助解决省内大学生助学贷款问题，提高大学生受助比例；联合校友工作办公室，组织开展“社会实践＋走访校友”实践，组建走访校友社会实践团

队，加强南大校友与母校的联络，厚植学校人文情怀。

（三）培育社会实践品牌，促进社会实践项目化

学校坚持打造社会实践精品项目，推动“好项目育英才”。指导各学院立足专业特色，创建可延续的社会实践品牌项目，打造了南昌大学的“信仰筑梦之旅”。坚持结果导向，根据社会实践队产出的实践成果评估选育优秀的社会实践队，以提供更多资金和资源的方式，促进有良好育人成果和社会效益的团队建设育人成果更佳、社会效益更好的社会实践项目。

## 三、突出成效

（一）社会实践覆盖面持续扩大

2022 年南昌大学暑期社会实践队伍数量扩展至 128 支，直接参与人数达 2000 余人。创新打造寒假社会实践，紧抓寒假黄金时间，为大学生提供新的实践平台。暑期社会实践与寒假社会实践，共同丰富了南大学子的假期生活，促进南大学子在实践中经风雨、受教育、长才干、做贡献。

（二）社会实践影响力不断加强

2022 年，学校聚焦服务社会的重要属性，实现了社会实践影响力进一步扩大。2023 年，实践队分赴 8 个省（市、自治区）开展实践活动，帮助建设 10 个乡村图书站，建立了 21 个一年以上合作的社会实践基地，印发宣传资料 6000 余份，捐赠金额与物资价值 40000 余元，撰写社会实践调查报告 69 份，群众义诊 1200 余人，组织文艺演出 16 场，其他类活动 129 场，活动影响覆盖 224000 余人次，受到新华网、《人民日报》、《中国青年报》、中青校园、《江西日报》、江西教育电视台等媒体宣传报道，在社会层面产生广泛影响。

（三）社会实践好成果持续丰富

各学院立足专业特色，产出了一批社会实践好成果。人文学院前行社团，11 年扎根贵州省剑河县开展支教活动，助力基础教育事业，荣获“全国优秀实践团

队”“全国优秀社会实践品牌”等荣誉称号；生命科学学院“稻渔工程”团队扎根稻田做学问，技术服务落地超 10 万亩，辐射推广面积高达 30 万亩，在省内 30 余家龙头企业实现技术落地，已累计帮助超过 5000 人实现脱贫，荣获“中国青年五四奖章集体”荣誉称号；软件学院“青春·梦想”团队根植江西红色土地，开展社情调研、爱国主义教育课程、务农体验等活动，结合专业知识开展少儿编程和无人机指导等特色课程，荣获全国优秀社会实践品牌项目；艺术学院“艺术香樟”社会实践队编排新形势下的艺术作品，根植于省内红色文化与社会风气，致力于将艺术送到基层，荣获“国家级优秀团队”荣誉称号。

图 64　南昌大学人文学院黔行支教调研活动——宣讲民族团结知识

## 四、经验启示

### （一）在实践中加强思想引领是实践育人的重要特色

江西具有丰富的红色底蕴，从回顾红色历史中开展思想引领，确保了思想引领有的放矢，有利于青年大学生从历史中汲取信仰的力量，在实践中强化责任意识，矢志担当奉献。

（二）在实践中强化服务属性是实践育人的重要内容

社会实践是青年大学生了解社会和国家的重要途径，也是青年大学生回报社会和国家的重要方式。在社会实践的过程中强化服务属性将丰富社会实践内涵，引导实践队伍发挥自身特长在实践过程中创造更多有利于人民幸福、有利于国家发展的实践成果。

（三）在实践中打造品牌项目是实践育人的重要目标

社会实践品牌项目的选育打造，旨在促进社会实践队伍向争优创先奋进，持续发挥自身价值，在实践中培养一代代青年大学生，在祖国的大地上创造一个个服务社会的新贡献，确保社会实践持续发挥育人作用和服务功能。

# 对标世界一流，打造国际化示范学院

郑州大学

图 65　聘请英国医学科学院院士尼克·莱蒙担任医科院院长

郑州大学临床医学学科借助“部省合建”+“一流建设”的叠加优势，面向人民生命健康重大需求，推进“国际化示范学院”建设，打造生命健康科技新高地，服务区域经济社会及医药卫生事业快速发展。

## 一、工作背景

2014 年，国家外国专家局和教育部共同实施“国际化示范学院推进计划”，通过成建制引进海外高层次专家团队，探索教学、科研、管理体制机制创新。2016 年 4 月，郑州大学医学科学院成功入选国家国际化示范学院推进计划试点单位，郑州大学成为中西部地区首家入选该计划的地方高校。2018 年，教育部与包括郑州大学在内的 14 所高校分别签署协议，正式启动部省合建工作。通过借鉴合建高校的先进经验，在部省合建的推动下，郑州大学加强国际学术合作，积极提升国际影响力，有力推动了郑州大学“双一流”建设进程。

## 二、工作内容

### （一）坚持党的领导

在国际化示范学院建设工作中，落实立德树人根本任务，牢固树立党委在学院各项重大事项的领航作用，坚持马克思主义在意识形态领域的指导地位，同时以前瞻的视野、创新的思维，引进培养新时代具有全球竞争力的创新型、复合型、应用型高层次人才，把党的创新理论转化为推进国际化示范学院的实践力量。

### （二）推进制度建设

实行理事会领导下的院长负责制。作为医学科学院的最高决策机构，由刘炯天院士担任理事长，并赋予院长在人才、科研、财务等方面充分的管理自主权；根据医学科学院发展特点，结合中西部人才引进面临的现实困境和国际化建设的迫切需求，建立“人才特区政策”并不断完善优化；围绕“双一流”建设，按照学科布局层次，形成全覆盖的人才引育制度体系；依托省部共建食管癌防治国家重点实验室完善科研平台管理制度，率先建立生物安全管理体系，为河南省高校科研实验室安全管理起到示范作用。

（三）提升育人水平

聘请尼克·莱蒙院士担任医学科学院国际院长，在国际化“人才特区”政策指导下，引进海外高层次学科带头人，与学科骨干、青年教师组成科研、教学团队，设立符合国际标准的人才管理考评体系。持续构建国际化人才培养的教育教学环境，邀请诺贝尔奖获得者等来校举办讲座，通过“名师名家进课堂”特色活动培养学生国际化意识。建设以英文专业课为主的人才培养体系，制定中外融通的培养方案，建设研究生英文课程体系，推进学生境外访学，提升学生国际竞争力。有序扩大硕、博海外留学生招生规模，实现与中国学生学位授予标准相一致的“同质化”培养策略。

（四）深化国际合作

平台引进国际一流管理体系，配备专职人员，派出部分运行管理人员国外培训，建成高效的运行管理团队。建成国际化创新研究平台，瞄准国际学术前沿，开展高水平的科学研究。鼓励教师在国际重要学术期刊或机构任职，提升学科的国际影响力。举办癌症研究领域系列论坛，邀请多个国家专家和从业者交流研讨，提升学术交流水平，多名专家教授主持和参与编写国内外重要疾病诊疗规范。

## 三、突出成效

通过 5 年持续投入和建设，建成国际一流、独具特色的集学科建设、科学研究和高层次人才培养三位一体的学院管理新模式，摸索出一套符合国际惯例、具有中国特色、体现郑大特点的制度体系。

依托国际化“人才特区政策”，引育海内外高层次人才 34 人，初步建成中部地区的人才聚集高地、科研合作和交流中心，举办有影响力的重大国际学术交流会议 10 余场，有效提升了郑州大学医学学科的国际影响力和临床医学一流学科建设水平。新增国家级重点、重大项目 12 项，在顶级期刊发表论文多篇，获国家科技进步二等奖 1 项，河南省科技进步一等奖 12 项、二等奖 38 项。推动科技成果转化，制定国内外标准、规范 77 项，开发 I 类肿瘤生物新药 Ad-TD-nsIL12 等创新药物；实现肿瘤学 U. S. NEWS 世界排名 180 位，临床医学 ESI 排名 0.908‰，药理学与毒理学、生物学与生物化学、分子生物学与遗传学、神经科学与行为学、免疫学进入 ESI 前 1%，高质量完成了预期建设目标。

依托国际化师资团队提高人才培养质量。近五年获得国家级教学成果奖 1 项，省级教学成果奖 14 项，省优博优硕论文 31 篇，获国家奖学金 414 项；与 30 余所国际知名大学和科研机构签订协议，境外交流博士生达 120 人，初步建立了遍及全球的国际留学合作网络；近 600 名世界各国医学类留学生在校学习，博、硕士研究生达 98 人，规模居全国前列。

五年建设期间，教育部原部长陈宝生、教育部副部长沈晓明，河南省省委书记、副省长等领导以及兄弟高校领导先后来院视察、调研。2020 年，刘炯天校长在全国科技工作会议上以郑州大学推进国际化示范学院建设为例，作《集聚顶尖人才，推动学科建设，服务科技创新》的典型发言。郑州大学推动国际化办学的实践经验和效果得到与会各方的一致认可和充分肯定，为中西部地区的地方高校国际化建设提供了有益的借鉴。

## 四、经验启示

医学科学院坚持定位为集学科建设、科学研究、高层次人才培养三位一体的科研机构。聘请诺贝尔奖获得者巴里·马歇尔等为名誉教授，建设马歇尔国际消化医学研究中心（河南省马歇尔消化病医院），不断优化“人才特区政策”，引进一批卓有成就的外籍专家和华裔科学家。获批国家级细胞与基因治疗国际联合研究中心和癌症化学预防国际联合研究中心、河南省肿瘤免疫微环境国际联合实验室等一批国际医学科研合作平台，并于 2019 年获批建设省部共建食管癌防治国家重点实验室。

借鉴合建高校的先进经验，医学科学院建立与国际接轨的院系管理新模式。加快体制机制改革创新、先试先行，建立以国际同行评价为基础的业内评价机制，分类建立多元化人才评价标准，提高了引才用才的效果，有力支撑了郑州大学“双一流”建设。“人才特区”政策辐射至学校其他相关院系，有效提升了其他学科人才引进和内化培养效果，为推动学校和其他高校的国际化发展起到了示范引领作用。

# 学科专业深度融合，提升人才培养质量

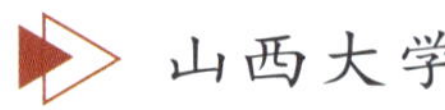

山西大学

图 66　2021 年山西大学物理学拔尖学生培养基地新生开班仪式

## 一、工作背景

2022年2月28日，习近平总书记在主持召开中央全面深化改革委员会第二十四次会议时强调，要全方位谋划基础学科人才培养。面对基础学科人才培养新要求，原有的学科专业建设及人才培养理念和做法亟待“全要素改革、全链条衔接，突破常规、创新模式”，更新教育教学理念，重构教学组织和运行机制，同步拓展培养模式。

近年来，山西大学物理学专业在部省合建支持下，面向基础学科拔尖人才培养国家战略需求，结合人才培养规律和学校实际，聚焦“学科专业深度融合”系统谋划，围绕“重在多维融合、贵在互相促进、旨在提升质量”顶层设计，在全过程育人、一体化支撑、前沿性课程、创新型培养、多元化协同等方面创新体系，着力提升物理学拔尖创新人才自主培养能力。

## 二、工作内容

### （一）立德树人，以本为本统领的理念融合，构建思政贯穿的全过程育人体系

营造争做好老师、大先生的浓郁氛围。传承“爱国、攀登、奉献”的山西大学物理学科精神，发扬潜心育才的高尚品格。

凝聚共识，以“提升新时代基础学科拔尖创新人才培养质量”为主题开展本科教育教学大讨论。开展高质量课程思政建设，强化思政教育，实现学生价值塑造和能力培养。

### （二）深化改革，基层学术与教学组织融合，构建全员全要素一体化支撑体系

实施山西大学首个专业振兴计划——《物理电子工程学院本科教育教学振兴计划》，从培养体系、课程体系、师资队伍、保障体系等多方面推进学科专业深度融合。

重塑物理系＋课程团队“二级”基层教学组织体系。将原教研室、研究所教

师全部编入教学团队。重塑教学保障支撑体系，修订教师绩效考核、教研室工作制度等办法。

（三）强基固本，教学与科学研究有机融合，构建特色鲜明的前沿性课程体系

实施课程体系更新工程，发挥量子光学与光量子器件国家重点实验室在量子科技领域研究特色，将最新成果系统融入量子力学、原子物理学等专业课程。

实施“2+5+2”实验教学模式，即“基础 + 特色”2 个总领、“验证性—综合性—设计性—研究性—开放性”5 级联动、“自制仪器类—虚拟仿真类”2 类特色，持续提升学生科创能力。

（四）学术引领，知识学习与未知探索融合，构建贯通化的创新拔尖培育体系

依托国家重点实验室和省部协同创新中心的丰富科研资源支持本科生开展科研训练。组建实体三立学院（三立书院），按照教育部“三制三化”要求建设山西大学住宿制书院，打造集住宿、学习、生活于一体的育人社区。

实施山西大学首个优秀人才培养计划——“物理学优才计划”，为具有学术志向的本科生提供“本硕博”贯通化培养，培养有科研发展潜质与较强创新能力的物理学拔尖人才。

（五）开放办学，自主培养与外部资源融合，构建全方位多元化协同培养体系

设立“三立讲堂”，常态化邀请知名学者面向本科生讲授前沿学术报告或短期课程。发挥省部共建协同创新中心、科技部国际合作基地等国内外交流平台优势，设立本科生访学计划，支持本科生到科隆大学（德国）、于默奥大学（瑞典）、北京大学和南开大学等定期成建制访学。

## 三、突出成效

近五年来，专业和学科建设实现新的突破，人才培养能力显著提升。2019 年，山西大学物理学专业入选国家一流本科专业建设点；2021 年，入选国家基础学科拔尖学生培养计划 2.0 基地，山西大学成为全国 32 个物理基地中唯一中西部地方

高校；2022 年，山西大学物理学学科入选国家“双一流”建设学科，山西大学是10 个物理学科中唯一中西部地方高校。

近五年来毕业生优秀率（GPA ≥ 3.0）提升 25 个百分点，完成高阶性课程和挑战性实验项目比例提升 23.8%，获得省级以上学术竞赛奖人数翻倍，创新型学生培养质量显著提升。自理科基地建设以来，毕业生遍布面向量子科技等国家重大需求的研究单位，很多青年才俊已崭露头角，20 余人在国家重大科研项目工程中担纲核心角色。

## 四、经验启示

部省合建以来，在教育部及山西省委、省政府的支持下，山西大学迎来了前所未有的发展机遇。物理学科紧抓机遇，勇毅前行，在充分分析制约中西部地方高校人才培养质量的共性问题基础上，面向国家战略需求，发扬自身学科特色，探索并实践了适合地方高校进行基础学科人才培养的发展路径。

山西大学物理学学科与专业的深度融合实践，显示在资源条件相对有限的地方高校，学科和专业间零和博弈不是出路，而学科专业全面深入融合能够更高效、更集约发挥效能。近五年来，山西大学人才培养能力显著提升，人才培养质量相应得到有效提升，为中西部地方高校建设高水平学科专业增强了办学信心，发挥了表率作用，受到兄弟高校广泛认可。

# 第五部分

# 深化人才队伍建设

山西大学：围绕方向打造团队，依托团队汇聚人才

海南大学：精准引才、系统育才、科学用才、用心留才，打造自贸港高水平人才蓄水池

内蒙古大学：深化培养模式改革，培养基础学科拔尖人才

宁夏大学：筑巢引凤　聚贤引智——坚定不移推进『人才强校』战略

宁夏大学：优化职称评价方式，提升人才队伍建设质量

# 围绕方向打造团队，依托团队汇聚人才

山西大学

图 67　科学技术哲学研究团队入选教育部“全国高校黄大年式教师团队”

## 一、工作背景

部省合建以来，教育部和山西省委、省政府大力支持山西大学优势学科建设。山西大学以“双一流”建设为抓手，把加强师资队伍建设作为提高办学质量、促进内涵发展的重要举措。山西大学哲学学科围绕方向打造团队，依托团队汇聚人才，积极整合现有教师资源，打破师资队伍“划地为营”的不良状况，在学术研究方向上进行凝练，实行首席教授负责制，有力带动了学科人才梯队的稳步提升。同时，学科不断开阔“引进人才”视野，面向国内外，引进高层次、高水平的领军人才。

## 二、工作内容

“围绕方向打造团队，依托团队汇聚人才”是山西大学人才团队建设的基本思路。哲学学科立足一流学科建设，全面深化高层次人才建设思路，用足山西省及太原市的人才政策“干货”，在高端人才培养和引进方面取得突破性进展。

### （一）人才培育

学科坚持以党建引领团队建设，通过“全国党建工作标杆院系”建设，培养了一支精神昂扬、作风务实的人才队伍。学科在以郭贵春教授为带头人的“全国高校黄大年式教师团队”引领下，建立了老、中、青三代人才的“传帮带”机制，形成了基础研究的传承效应。在培养对象上，重点加强优秀中青年教师的培养，形成了一批40岁左右有影响力的领军人才。

### （二）人才管理

学科打破了原有院所划分的条框，统合学科及相关交叉领域的人才力量，形成了人才相互促进的“共生效应”。围绕科学技术哲学等优势方向，学科打造交叉研究团队，建立了哲学与现代性协同创新平台、教育部人文社会科学重点研究基地、科技部教育部学科创新引智基地等一系列国家级平台，为人才开展联合攻关和综合性的基础研究提供了条件。

（三）人才引进

学科依托山西省人才政策优势，以北京大学合作为契机，调动多方力量引进国内外人才。通过以才引才、项目引才、团队引才等方式，学科吸引了以长江学者为代表的高层次人才全职来校工作，同时针对引进人才实行年薪制及协议工资制，做到了一人一议，为高层次人才提供了宽松的工作氛围。

（四）人才管理和评价体系

学科持续完善教师和学术团队发展的人才管理和评价体系，建立了“淡化身份、强化岗位”的教师分类分级绩效分配制度，按照四类九级开展岗位聘用工作，突出科研质量和社会效益，将个人评价与团队评价相结合，促进了基础研究人才的可持续发展。

## 三、突出成效

经过几年的持续建设，哲学学科师资力量明显增强，人才团队建设成效显著。目前，学科共有教师 74 人，其中教授 37 人（含 3 名外籍），副教授 27 名，高级职称比例达到 87.6%，拥有长江学者特聘教授、青年长江学者 6 人，覆盖科学技术哲学、马克思主义哲学、外国哲学等领域。在其他高端人才建设方面，学科拥有国家“万人计划”1 人、中宣部文化名家和“四个一批”人才 1 人、山西省“三晋学者”特聘教授 3 人、省级其他各类人才 44 人次。

2021 年郭贵春教授领衔的科学技术哲学研究团队入选教育部“全国高校黄大年式教师团队”，此外学科还形成了以殷杰、乔瑞金、江怡、魏屹东等教授为核心的多个交叉研究创新团队；获批了包括 6 项国家社科重大项目在内的众多国家级科研项目，形成了良性互动的科研育人效应；借助科技部、教育部“111”哲学学科创新引智基地，柔性引进了德国卡塞尔大学 Stefan Majetschak 教授等多位国际知名哲学家，同学科教师一起组建了 6 支中外合作研究团队，提升了哲学学科研究的国际化水平。

## 四、经验启示

哲学学科高层次人才队伍建设的经验对中西部高校的基础学科具有以下几方面的启示作用。

### （一）人才培育与学科建设相互依存，科研平台具有汇聚人才的优势

对于地方高校来说，建设一个在国内外有优势的高峰学科，是培养基础研究人才的基础。

### （二）团队建设需要创新人才评价方式

基础研究具有长期性、积累性的特征，对基础研究人才的评价要根据实际情况，以创新能力和实际贡献为导向建立评价体系，引导人才发展。

### （三）强化学科内部团队的建设，促进人才集聚

确定相对清晰的特色团队，对于带头人，要将个人评价与团队评价相结合，鼓励其把促进团队人才成长作为核心责任，从而搭建金字塔形的人才梯队，确保学科人才的可持续发展。

### （四）建立高层次人才引进与激励机制，开展团队式引进工作

支持重量级高层次人才引进工作伙伴，基于人才间已形成的默契配合，快速建设某个具体研究方向。

### （五）发挥典型人才的示范引领效应

通过对学科内领军人才团队以及青年创新人才事迹的宣传，发挥他们在人才培育过程中的典型示范作用，增强对广大教师的榜样激励，形成人才引育的连锁效应。

# 精准引才、系统育才、科学用才、用心留才，打造自贸港高水平人才蓄水池

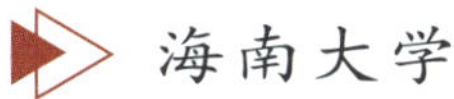

海南大学

| | 2017年 | 2022年 | 增量 |
|---|---|---|---|
| 专任教师 | 1985 | 2659 | 33.9% |
| 具有博士学位教师 | 750 | 1614 | 115% |
| 国家级人才 | 5 | 55 | 1000% |

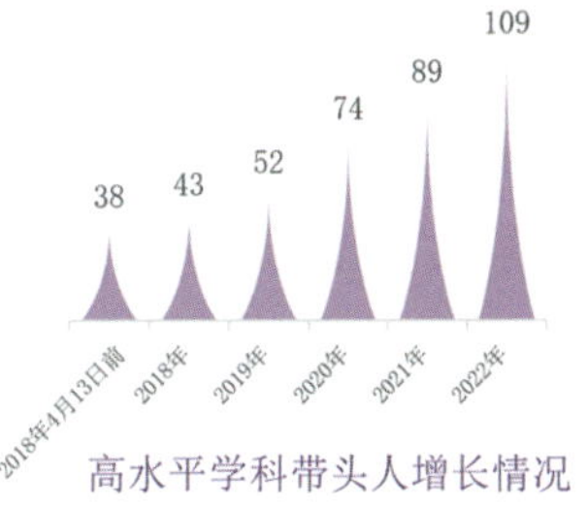


图 68　部省合建以来，海南大学持续强化人才强校战略，师资队伍规模结构显著优化

## 一、工作背景

2021 年 9 月 27 日，习近平总书记在中央人才工作会议上强调，必须把人才资源开发放在最优先位置，大力建设战略人才力量。人才对于一所大学的生存与发展具有战略意义，这是世界大学发展的基本逻辑。部省合建以来，海南大学紧紧抓住部省合建和海南自贸港建设重大历史机遇，积极响应海南省“百万人才进海南”行动计划、“聚四方之才 共建自贸港”招才引智活动等机遇，实施人才强校战略和人才聚集工程，持续深化人事制度综合改革，努力构建良好的人才生态，建设培才育才、爱才惜才的新海大。

## 二、工作内容

海南大学坚持党管人才原则，优化平台，服务海南自贸港发展，创新人才引进机制，持续强化人才强校战略，稳步推进职称评聘制度改革，下放岗位职责制定权和岗位聘用权，实行“清单式”精准引才，深入开展师资队伍能力提升工程，建设一流师资队伍，打造自贸港高层次人才蓄水池。

### （一）坚持党管人才原则，实施人才强校战略

充分发挥党的领导核心作用，把握方向、制定政策、整合力量，搞好统筹规划，坚持分类指导，实行依法管理。党管人才领导体制进一步健全，形成党委统一领导、党政齐抓共管的人才工作格局。

### （二）聚焦教育事业长足发展，集聚更多的“四有”好老师和与时代需求相符的“大先生”

积极把握海南省“百万人才进海南”行动计划、“聚四方之才 共建自贸港”招才引智活动等机遇，创新引才方式，紧紧抓住国际人才回流的历史机遇，积极借助海外华侨华人商会、欧美同学会等引才平台，利用国聘网、海英荟等第三方专业招聘机构，坚持每年召开“国际青年学者论坛”等方式，面向全球公开招聘

特需急需人才，乘借海南自贸港建设东风，面向五湖四海延揽人才。

（三）聚焦国家战略人才力量建设，深化人事人才发展体制机制改革

持续深化人事制度改革，出台人才引进、人才培养、教师分类管理、岗位设置、职称评聘、教师考核、薪酬分配等人事制度改革文件40余个。坚决落实教育评价改革精神，着力破除“五唯”，构建优良的学术生态和人才生态。创新人才组织形式，创新人才使用机制，提升人才引领驱动的效能。实施高层次人才专业技术职务特别评审聘任委员会制度，对引进人才的职称和待遇实行“一人一议”，为学校“双一流”建设提供了坚实的人才引进保障。启动实施“海南大学卓越学者计划”，激发教师队伍的内生动力，探索全周期递进式人才培养体系。实施“评先评优”提名推荐制，采用“自下而上”和“自上而下”结合方式确保各类推荐优秀人才的广泛性和代表性。

（四）实施师资能力队伍提升工程，建立健全教师发展体系

通过推荐骨干教师出国研修，促进青年教师学历提升，优化师资队伍学历结构，分层分类开展培训工作等方式，积极探索建立具有本校特色的师资培养和培训机制，着力提升师资队伍博士化率与国际化水平，建立健全教师发展体系。

（五）高标准搭建事业发展平台，聚焦科技创新发展，自主培育国家级高层次人才，深层助推学校成为海南乃至国家人才中心和创新高地建设

部省合建以来，在教育部和省委、省政府等部门的大力支持下，学校党委下大力气为各类人才搭建干事创业的发展平台，走好人才自主培养之路。2017年12月以来，学校基建总投资是过去30年的总和，国家重点实验室、教育部重点实验室、教育部工程中心、院士团队创新平台等各级各类科研平台达112个，学校“筑巢引凤”的成效逐步显现。

（六）坚持与自贸港建设同频共振，服务地方经济社会发展

海南大学的发展始终坚持与海南自贸港建设同向同行、同频共振，坚持“需求牵引、问题导向、有限目标、协同创新”的原则，面向国家重大战略需求和海

南自贸港发展中的重大科学问题和工程技术难题，组建协同创新中心，培养一流人才、产出一流成果。同时主动对接地方特色产业发展需要，先后与海口市、三亚市、万宁市、保亭黎族苗族自治县等地方政府联合共建地方研究院，在为各类人才提供充分施展才能机会、有效促进了科技成果转化的体制机制创新的同时，推动地方产业升级和经济社会发展。

（七）提升服务质量，增强人才事业认同感

学校党委持续做好人才服务保障工作，持续营造良好引才环境。每年举办高层次人才国情研修班等活动，加强对高层次人才的政治引领，增强高层次人才的思想认同、情感认同和事业认同。加强数字人事信息系统建设，让“数据多流动，人才少跑路”，更精准地为人才提供快速便捷的服务。设立“综合事务服务大厅”和“人才服务站”等“一站式”服务窗口，打造“一站式”服务平台，协调解决各类人才遇到的工作生活问题，最大程度解除人才的后顾之忧，营造干事创业良好氛围。

举行“十佳好老师”颁奖典礼

举办国际青年学者论坛精准引才

实施《海南大学卓越学者计划》

开展新入职教师岗前培训

开展教师节慰问活动

搭建学术交流平台——海南大学青年学者讲坛

图69 海南大学坚持党管人才原则，优化条件平台，服务海南自贸港发展，精准引才、系统育才、科学用才、用心留才，深化人事人才发展体制机制改革，深入开展师资队伍能力提升工程，建设一流师资队伍，打造自贸港高层次人才蓄水池

## 三、突出成效

五年来，海南大学全职引进高层次人才 1103 人，其中具有海外留学经历的有 463 人。院士、杰出青年等国家级人才数量由 5 人增加到 47 人，增长 840%，其中自主培养 20 人。柔性引进高层次人才 245 人，进站博士后 145 人。学校现有专任教师 2659 人，较 2017 年增长 37%。初步形成规模适度、结构合理、水平较高的师资队伍，人才聚集效应逐年彰显，学科带头人队伍迅速壮大，学科骨干力量与国内同类高校相比体现出一定的比较优势。累计支持在职攻读博士学位教师 167 人，选派出国（境）外学习研修教师 92 人。现具有博士学位的专任教师数量占比提高到 60.6%，具有高级职称的专任教师比例提高到 55.4%。通过实施各类引智项目，支持外籍教师“引进来”，聘请长期外国专家 445 人来校开展教学、科研工作，同比增长 440.5%。

## 四、经验启示

要坚持实施人才强校优先发展战略，优先保障人才经费和资源投入，进一步优化条件保障，广泛形成识才、爱才、敬才、用才的良好风尚，推动新时代人才工作各项决策部署落地生效，激发人才活力和干事激情。

要精准引才、系统育才、科学用才、用心留才，构建“雁阵”人才梯队格局，加大国家级人才引育力度，凸显领军科技创新人才的支撑与示范作用，聚焦国家战略人才、领军人才和创新团队、青年人才、管理服务保障人才队伍等群体，全面筑牢高水平人才集聚高地。

要持续深化人才工作体制机制改革，强化人事制度保障，加强校院部门联动，构建高质量人才协同服务体系，建立良好的人才生态系统，确保人才的幸福感、归属感、价值感和成就感。

# 深化培养模式改革，培养基础学科拔尖人才

内蒙古大学

IM-CULSC

2021内蒙古自治区大学生生命科学竞赛

获奖证书

获奖项目：妊娠期菲暴露对孕鼠脂代谢的影响及机制研究

获 奖 者：张潼　韩波　史云舒　郭鹏飞

指导教师：那顺布和　郭娇娇

获奖单位：内蒙古大学

获奖等级：一等奖

证 书 号：IMCULSC20210102

全国大学生生命科学竞赛内蒙古赛区委员会

二〇二一年九月

图 70　“妊娠期菲暴露对孕鼠脂代谢的影响及机制研究”获 2021 内蒙古自治区大学生生命科学竞赛一等奖

## 一、工作背景

基础研究是整个科学体系的源头，是所有技术问题的总机关。培养基础研究拔尖人才，事关国家高水平科技自立自强，在人才培养中具有特殊的重要地位。生物科学是自然科学的重要分支，是从分子、细胞、个体和群体等不同层次探讨生物的结构、功能以及生物与环境的关系，揭示生命本质及其发生和演化规律的科学；它不仅具有悠久的发展历史，而且也是目前自然科学发展的前沿领域，其研究成果对人类健康及社会变革造成了深远影响。因此，培养生物科学基础研究人才，对于促进卫生健康领域实现更多“从 0 到 1”的原始创新具有十分重大的意义。

内蒙古大学在 1957 年建校时就设立了动物学和植物学专业，1994 年被教育部批准为“国家理科生物学基础科学研究和教学人才培养基地”，是当时国家批准的 21 所高校之一。生物科学专业于 2002 年开始招生，2007 年被教育部认定为国家级特色专业，同年获批国家级生命科学本科实验教学示范中心。2017 年，生物学成为国家“双一流”建设学科。

## 二、工作内容

多年来，生物科学专业立足内蒙古草原家畜、牧草与特色作物、蒙医药等资源优势，本着以高水平科学研究推进高水平教育教学的基本思路，坚持“面向需求、立足前沿、拓展交叉、特色一流”的建设理念，在加强基础教学的同时注重学生批判思维和科学精神的培养，依托国家生命科学本科实验教学示范中心建立起基础型、研究型和创新型多层次实验教学体系以及具有鲜明特色的草原生物学综合实习基地，获得国家基金委人才培养项目的连续支持，先后建成了省部共建草原家畜生殖调控与繁育国家重点实验室、牧草与特色作物生物学教育部重点实验室、生物学一级学科博士学位授权点。

学校高起点谋划基础学科人才培养，成立基础学科拔尖学生培养基地建设专家委员会，出台《内蒙古大学基础学科拔尖学生培养计划实施办法》，设立拔尖人才培养专项经费。按照加强基础、促进交叉、尊重选择、突出创新的思路，遵循学生成长规律和基础学科拔尖人才培养规律，选拔对生物科学有浓厚兴趣和较大潜力的优秀学生进行培养。

基地在生物科学拔尖人才培养上实行“四制三化”模式，即书院制、导师制、学分制、访学制、小班化、个性化、国际化。为继承和弘扬著名植物学家、生态学家李继侗先生追求真理、献身科学的精神，学校成立了继侗书院，具体负责拔尖人才培养计划 2.0 基地的建设工作，侧重第二课堂教育。

为提高生物科学研究生生源质量，学校不断创新招生机制，充分利用中国教育在线、全国在线、内蒙古自治区在线、内蒙古电视台、内蒙古大学校园开放日等平台举办了 5 场拔尖基地招生宣传活动。完善和改革生物科学拔尖学生培养模式，制定了《内蒙古大学“菁英学者”培养计划实施办法（试行）》《内蒙古大学“菁英学者”选拔办法（试行）》《生命科学学院提升研究生培养质量工作方案（试行）》，从 2019 级本科生中选拔 9 名同学进行“本硕博”一体化贯通培养。提高生物科学学制内博士研究生助研津贴，不断强化对拔尖学生的待遇激励和保障。聘请教育部高校大学生物学课程教学指导委员会副主任委员、浙江大学吴敏教授，复旦大学杨继教授和兰州大学冯虎元教授担任内蒙古大学生物科学拔尖人才培养计划 2.0 基地专家委员会委员，同时加强导师团队建设，从复旦大学、中国科学院等国内顶尖大学和科研机构选聘 20 位国家级人才计划获得者担任基地班学生的学术导师。为加强国际交流合作，生命科学学院与英国贝尔法斯特女王大学开展合作办学，进一步拓宽了学生赴国外访问和交流的渠道。

## 三、突出成效

经过多年的持续探索，基地已取得阶段性建设成效：2021 年，内蒙古大学生物科学拔尖学生培养基地成功入选教育部基础学科拔尖学生培养计划 2.0 基地，标志着学校的基础学科建设进入了一个新的发展时期；基地专家李光鹏家畜现代生物育种团队入选教育部“全国高校黄大年式教师团队”，刘永斌被评为“全国杰出专业技术人才”；2021 年，生物科学专业硕士生获得第七届中国国际“互联网 +”大学生创新创业大赛金奖；毕业生李佳智、李莉等在哈佛医学院工作，在《细胞》（*Cell*）、《自然细胞生物学》（*Nature Cell Biology*）和《细胞研究》（*Cell Research*）等国际顶级期刊发表高水平学术论文。

图 71　“家畜现代生物育种教师团队”被认定为“全国高校黄大年式教师团队”

获奖证书

Certificate of Award

段帅、徐云峰、陆心月、刘淼、李志军、曹秭琦、王军、刘洋、李超、仝仁贞、王宇森、侯彩灵、王绛、吴志鹏、董琦

你们的作品《缘起粮油——科技种豆富农，青春筑梦国安》，在第七届中国国际“互联网+”大学生创新创业大赛中荣获金奖

指导老师：吴晓彤、张德健

特发此证，以资鼓励。

主办单位：教育部、中央统战部、中央网络安全和信息化委员会办公室、国家发展和改革委员会、工业和信息化部、人力资源和社会保障部、农业农村部、中国科学院、中国工程院、国家知识产权局、国家乡村振兴局、共青团中央、江西省人民政府

承办单位：南昌大学、南昌市人民政府

中国国际“互联网+”大学生创新创业大赛组织委员会

二〇二一年十月

编号：2021200005

图 72 《缘起粮油——科技种豆富农，青春筑梦国安》获第七届中国国际“互联网+”大学生创新创业大赛金奖

## 四、经验启示

### （一）坚持立德树人根本任务

“双一流”建设的根本目标是培养堪当民族复兴重任的时代新人，为建设世界重要人才中心和创新高地提供学科和人才支撑。学校始终坚守为党育人、为国育才的初心使命，突出人才培养中心地位，以社会主义核心价值观塑造人，以全面发展的理念培养人，以优良校风学风陶冶人。

### （二）深化人才培养模式改革

学校实施生物科学专业本硕博贯通培养模式，为拔尖学生配备学术和生活导师，充分发挥科研项目和平台的育人优势，在课程教学和实习实践中注重培养学生的创新意识、科学精神和批判思维。

### （三）加强与对口合作高校的交流

学校在基础学科人才培养上，与复旦大学、吉林大学、兰州大学等对口合作高校保持了高频的联系和互动，特别是在人才培养方案制订、专业课程体系建设、学术导师配备、拔尖学生遴选等方面得到了合作高校的大力支持和帮助，对于构建高质量育人体系具有重要意义。

# 筑巢引凤　聚贤引智——坚定不移推进“人才强校”战略

宁夏大学

图 73　2022 年 4 月 28 日，宁夏大学党委人才工作会议隆重召开

近年来，宁夏大学紧密围绕国家区域发展战略和建设高水平学科需求，深入贯彻落实党的二十大、自治区第十三次党代会精神，坚持引培并举加速聚才、着眼长远发展大力育才、推行全员竞聘精准用才、强化党委领导尽力留才，为加快推进“双一流”建设和“部区合建”提供有力支撑，推进宁夏大学人才工作迈上新台阶。

## 一、坚持党管人才，构建师德师风长效机制

认真落实师德师风建设主体责任，成立党委教师工作委员会，出台新时代师德师风建设长效机制实施意见，把师德师风作为评价教师队伍素质的第一标准。善用培根铸魂“大思政”，写好立德树人“大文章”，紧扣学校第七次党代会提出的以“三全育人”为核心的立德树人育人主线和以“双一流”建设为核心的“部区合建”发展主线，大力营造礼敬人才氛围。突出政治引领，加强师德教育，将社会主义核心价值观贯穿师德师风建设全过程，重视高层次人才、海外归国教师、青年教师的教育引导，厚植爱国情怀。深入实施育人楷模工程、教师党支部书记“双带头人”培育工程，开设“师德大讲堂”创新师德教育，举办“贺兰山论坛”活跃学术氛围，遴选师德师风建设基地。评选立德树人突出贡献奖、楷模奖和岗位标兵，创建“教育部—自治区—学校”三级黄大年式教师团队，举办新入职教师入职宣誓仪式，为荣退教师和教龄35周年老教师颁发纪念牌。出台纪委与组织人事巡察审计等部门联席会议制度，形成监督合力，积极预防、及时处理师德失范行为。

图 74　2022 年 9 月 9 日，宁夏大学隆重举行第 38 个教师节表彰大会

## 二、坚持引育并举，构建精准人才支持机制

着眼优化内部人才资源、吸纳外部人才力量，加大人才引进力度，先后实施人才队伍建设“531 计划”、人才队伍建设“145 计划”，2019 年以来共引进、培养拥有博士学位教师 368 名，博士总量达 980 名，学校专任教师博士比例由 46% 增至 56%。坚持不求所有开发人才，在自治区和学校人才政策的叠加效应下，引进高端人才 17 人，通过“贺兰山学者”岗位特聘计划吸引汇聚 71 名具有国内领先水平的学科带头人。坚持不拘一格用好人才，围绕师资队伍建设、人才引进、师资培养等出台一系列政策制度，努力创建自治区重要人才培养基地，把学校人才工作的重心放在支持、培养一大批青年人才上，在团队建设、职称晋升、项目和奖项申报等方面，加强统筹、科学设计，开设绿色通道，有力有序促进一大批有能力、有担当、有作为的青年人才脱颖而出，真正让青年人才挑大梁、当主角。在“部区合建”和“双一流”项目支持下，高层次人才建设成效显著，近两年柔性引进 2 名中国工程院院士，引进“长江学者”3 名，入选国家“万人计划”哲

学社会领军人才 1 人、青年拔尖人才 3 人，中国科协“青年人才托举工程”2 人。233 人获省部级以上人才工程项目与荣誉称号，约占专任教师的 14%。

## 三、激发创新活力，加快推进人才评价机制改革

持续推进职称评审改革，修订完善职称评审办法，构建高教、研究、教辅、其他专业技术职称四大系列，教学型、教学研究型、研究型等 11 个类别的职称评审体系。坚决破除“四唯”，将工作实绩和创新能力作为评价的重要依据，实行代表性成果评价，不同的专业技术职称要求不同的代表性成果，提高人才评价的适用性。设立“特别推荐”评审通道，对取得重要突破、获得重要成果的人员可不受基本条件限制进行“一事一议”“一人一评”，2021 年有近 1/3 的优秀教师通过“特别推荐”晋升为高级职称。深化绩效工资改革，修订《宁夏大学绩效工资分配方案》，兼顾学校顶层设计和基层单位自主权，坚持多劳多得、优绩优酬，打破“论资排辈”“身份定薪”。强化专业技术岗位管理，设立科技创新特设岗位和新引进博士特设岗位，实施聘期管理和聘后考核，真正实现岗位“能上能下”。推进人才称号回归学术性，取消以人才称号划分人才类别的做法，把思想政治素质和师德师风放在首位，基于学术水平、育人成效、实际贡献、发展潜力和现实表现等科学评判人才，完善人才称号退出机制。

## 四、注重拴心留人，创新人才服务保障机制

积极解决人才“后代”“后院”“后路”难题，搭建干事创业平台，构建全方位人才服务机制，做到引才留才、知心拴心，努力让每一位人才都能在宁夏大学找到梦想的舞台、事业的平台、生活的港湾。实施“学科—基地—项目—人才—团队”一体化发展战略，建成 43 个省部级以上科技创新平台、38 个一级学科博士硕士学位授权点、2 个院士工作站、6 个专家咨询站、3 个博士后科研流动站、8 个自治区人才小高地，学科发展吸引高质量人才、人才汇聚支撑高水平学科的局

面基本形成。建立领导干部联系高层次人才制度和重要人才工作“一事一议”机制，多次召开人才工作座谈会，及时解决人才薪资待遇、子女入学、配偶安置、住房保障、科研服务等方面问题。每年投入重点经费用于附幼、附小、附中建设，提升基础教育水平，既服务社会又保障青年教师子女入学。

下一步，我们将持续深入学习贯彻习近平新时代中国特色社会主义思想，认真落实党中央、自治区党委关于新时代人才工作的各项决策部署，坚定不移推进实施“人才强校”战略，继续加大引才育才力度，持续深化管理机制改革创新，努力建成一支规模适度、结构合理、政治素质过硬、业务能力精湛、育人水平高超的新时代高素质师资队伍，形成人人渴望成才、人人努力成才、人人皆可成才、人人尽展其才的良好局面。

# 优化职称评价方式，提升人才队伍建设质量

宁夏大学

图 75　2022 年 4 月 28 日，宁夏大学党委人才工作会议隆重召开，会上表彰奖励了 2020—2021 年国家级人才工程和荣誉称号获得者

近年来，宁夏大学深入贯彻习近平总书记关于教育和人才工作的重要论述，严格落实中共中央、国务院印发的《深化新时代教育评价改革总体方案》，坚持以改革创新为突破，以服务人才强区战略为目标，以优化职称评价激励为手段，不断壮大高水平师资队伍，为提升教育教学和科技创新水平提供有力支撑，推动学校从“地方赛道”逐步走向“中央赛道”。

## 一、用好职称评审自主权，实施教师分类评价

充分运用自治区专业技术职称评审权下放机遇，以总量控制、分类分层、择优竞争的原则建立新的评价机制，力求人才评价“有的放矢”。根据教育发展规律、教师发展规律、创新成果产出规律，结合学校实际，及时修订完善职称评审办法，不断探索，建立更加符合教师成长发展的专业技术职称评价机制，充分发挥专业技术职称评审在“双一流”建设、部区合建和学校内涵式发展中的指挥棒作用；禁用一把尺子量到底，不将论文、科研项目作为专业技术职称评审统一的限制性条件，实施分类分层评价。构建了高教、研究、教辅、其他专业技术职称四大系列，教学型、教学研究型、研究型、思政课教师型等 11 个类别的职称评审体系。将教学型教师分为基础理论课教师与技术技能型教师等，建立了更加符合专业技术特点、更加符合实际业绩贡献、更加符合创新需求的评价指标体系。

## 二、打破“五唯”惯性思维，实施代表性成果评价

坚持顶层设计、破立并举，破除唯帽子、唯论文、唯职称、唯学历、唯奖项等顽疾，坚持立德树人根本任务，以师德师风为第一评价标准，实施代表性成果评价机制，以实际业绩和学术贡献为评价依据，从“定量”评价向“定量”“定性”融合评价转变，充分激发人才队伍的动力活力。比如，教学型使用教学质量评价和教改课题、教改论文等教学性代表性成果评价，其中“质”是教学质量评价成绩，“量”是规定完成的最低课堂教学工作量；研究型使用研究性代表性成

果评价，包括承担的重点重大科研项目、发表的高水平学术论文、获得的高水平科技成果奖励等；音体美学科中技术技能型教师的代表性成果主要包括美展、展演、指导学生竞赛类获奖，等等。通过大力实施同行专家评价，选取本学科领域国内高水平大学专家对申报人员的代表性成果进行学术评价，有效避免了“以刊定文”“以‘帽子’定职称”的现象。

### 三、设立“特别推荐”评审通道，不拘一格选人才

坚持不求全责备“全能冠军”，鼓励支持人才成长“单项冠军”，大力破除束缚人才发展的固有观念和僵硬的体制机制。对在某一方面取得重大突破性成果的人才设立“特别推荐”通道，不受评审时间和基本条件限制，实施“一事一议”“一人一评”。“特别推荐”通道充分调动了教师积极性和创造性，弱化数量要求，强化了重点贡献和工作业绩，让优秀教师、青年博士有目标有冲劲，让某一专业领域的优秀教师脱颖而出。2021 年晋升专业技术职务的教师中，近 1/3 的优秀教师通过“特别推荐”晋升为高级职称。2022 年上半年，已有 17 位教师通过“特别推荐”晋升为高级职称。生命科学学院引进的清华大学博士李乐，通过在国际顶级刊物《自然》(*Nature*）上发表文章，28 岁破格晋升为教授；土木与水利工程学院从河海大学引进的惠迎新博士，通过与企业横向项目合作到校经费 500 万元，并取得突出成果晋升为教授；美术学院李晓春的美术作品入选全国美术作品展览而晋升为教授；农学院王彬获全国高校青年教师教学竞赛一等奖而晋升为教授，等等。

### 四、实施差额评审，变“选马”为“赛马”

充分发挥专业技术职称评审指挥棒作用，结合人才队伍现状和未来发展需要，科学规划、统筹调控。为进一步引导提高优秀成果产出效率，将业绩成果取得时间由任现职以来改为任现职近五年内。专业技术职称评审的一系列组合拳使得学

校专业技术人才的学术“含金量”大幅提升，充分调动了专业技术人员的积极性。在 2021 年专业技术职称评审中，符合条件的正高级专业技术职称人员晋升率为 74%，副高级专业技术职称人员为 65%，教辅系列为 45%。

通过优化人才职称评价方式，我们充分体会到：在过去的人才工作中，“帽子决定位子”“奖项决定水平”一定程度上影响了人才评价的合理性、科学性。破除“五唯”旧思维、树立评价新“标靶”，必须要把“品质好”放在首位，注重激励推举那些“心怀国之大者”，为国分忧、为国尽责、为国解难的优秀人才；必须要把“能力强”作为关键，注重在培养提升人才突破创新瓶颈的领导能力和专业能力上下功夫。而学校作为评价主体，必须坚持评价标准要高要实、眼光要长要远，通过评价有意识地发现和培养更多有潜质的高层次复合型人才，形成人才成长梯队。

下一步，学校将在总结经验的基础上，继续深入推进新时代专业技术职称评审体制机制改革，营造“坚持引培并举加速聚才、着眼长远发展大力育才、推行职称评审精准用才、强化党委领导尽力留才”的良好氛围。

# 第六部分

# 推进重大科技攻关

郑州大学：关键金属河南实验室：强化有组织科研，突破『卡脖子』技术

海南大学：打造有组织的科研系统，凝心聚力进行原创性、引领性科技攻关

贵州大学：加快绿色农药创新，引领农药行业绿色发展

宁夏大学：着力打造民族学部区合建优势特色学科群

# 关键金属河南实验室：强化有组织科研，突破“卡脖子”技术

郑州大学

图 76　中原关键金属实验室三门峡基地

2017 年，郑州大学进入“部省合建高校”序列，中原关键金属实验室立足中原，以前瞻 30 年的格局视野，结合国家重大需求及行业产业发展需要，强化有组织科研，完成“卡脖子”技术研发工作。

## 一、工作背景

2020 年初，《科技日报》曾推出系列文章报道制约我国工业发展的 35 项“卡脖子”技术，ITO 靶材就是其中之一。ITO 靶材不仅用于制作液晶显示器、平板显示器、触摸屏，还用于太阳能电池和抗静电镀膜等，在全球拥有广泛的市场。在尺寸的问题上，国内 ITO 靶材企业一直鲜有突破，而后端的平板显示制造企业也要仰人鼻息。烧结大尺寸 ITO 靶材，需要有大型的烧结炉。国外可以做宽 1200 毫米、长近 3000 毫米的单块靶材，国内只能制造不超过 800 毫米宽的。产出效率方面，日式装备月产量可达 30 吨至 50 吨，我们年产量只有 30 吨。而进口一台设备要花一千万元，这对国内小企业来说无异于天价。提起过去，郑州大学中原关键金属实验室主任何季麟院士说：“ITO 靶材制备自主体系的建立牵系着占全球 65% 新兴显示产业的安全，但曾经，中国 ITO 靶材的研发滞后 20 年。”

## 二、工作内容

### （一）以现有科研基础为起点，在国家战略需求领域深耕，完成重大原始创新突破

2015 年，何季麟院士受聘于郑州大学。来到郑州大学后，何院士结合国家战略发展及国内平板显示产业发展需求，与西北有色金属研究院、福建阿石创新材料有限公司签署合作协议，继续在关键金属与氧化物靶材领域深耕，他说：“科研工作要考虑是否符合国家战略需求，是否对国家建设有用，要放眼推进产业化，做更有意义的科研。”

### （二）以国家重大任务为牵引，跨学科组建科研团队，突破“卡脖子”技术难题

在大尺寸 ITO 靶材研究上，何季麟院士根据研究需要，跨学科组建科研团队，针对粉体制备、材料成型、靶材烧结等方面在全球范围内招揽人才。最终，组建了一支包含“老中青”三代人的靶材料研究团队。团队根据老一辈人的经验，继续在 ITO 靶材基础理论研究和关键装备技术研究上下功夫，创新发明了 ITO 靶材粉体制备、素坯注浆成型、无压氧气氛烧结与靶坯绑定——关键技术体系，建立了 ITO 靶材制备新型工艺流程，形成了完善的全流程工艺装备体系及控制标准，实现了 ITO 靶材粉末冶金技术的创新应用，其技术指标达到了国际先进水平。

图 77　实验室主任何季麟院士及其团队进行研讨

### （三）以国家重大需求为导向，设立科学研究方向，强化实验室有组织科研

2022 年初，中原关键金属实验室揭牌成立。成立之初，实验室紧紧围绕关键金属产业“卡脖子”技术难题，以国家战略需求、市场导向为原则，设立了 6 个研究方向：关键金属绿色低碳超常富集、关键金属冶金与深度分离纯化、金属（合金）及氧化物靶材料、关键金属新材料与交叉科学、关键金属循环与材料再

生、关键金属资源与新材料战略，组建关键金属领域“选—冶—材”一体化的跨学科科研团队。

（四）以体制机制改革为着力点，构建人才评价机制，释放科研人员创新活力

在研究过程中，实验室积极探索体制机制创新，突破现有科研体制障碍，创新协同高效人事管理制度和人才激励机制，释放科技创新活力；建立起以互惠互利为原则的利益分配机制和以任务考核及团队考评为重点的考核体系，充分发挥实验室参与人员的创新能力和工作积极性；构建绿色开放的发展机制，采取开放式、生态化发展模式，引入有活力的创新企业共建联合研究所入驻实验室，开展一体化科研。

（五）以服务区域经济发展为依托，强化辐射带动作用，支撑国家级创新高地建设

实验室结合三门峡矿产资源优势，以关键金属及新材料为主攻方向，在三门峡建立了特色研究基地，与三门峡政府合作建设包括特种合金材料研发中心、高温功能材料研发中心、关键金属材料化研发中心、稀散金属综合回收中心等中试平台和关键金属检测中心。实验室按照实验室总部（C）+研究基地（N）+重大专项攻关联盟（P）建设模式，采用核心科研层与技术辐射转化层“双层架构”交叉融合布局，与三门峡开展各项合作，实现应用基础科学研究、工程技术研究、科研成果转化到收益反哺的全链条创新，形成政产学研用一体化平台，赋能国家社会经济发展，以高层次人才团队为支撑，打造国家级关键金属科研创新平台、产业孵化平台和智库咨询平台。

## 三、突出成效

2020年，由郑州大学、西北稀有金属材料研究院、福建阿石创新材料股份有限公司协同研发的ITO靶材制备技术成果获国家技术发明二等奖，实现了从无到有、自主研发再到并跑超越，打破了国外技术封锁，凭借自主创新力量实现了大

尺寸 ITO 靶材全流程制备的国产化，迫使国际同行 ITO 靶材降价 80%。

实验室以产业升级需求和中试项目为指导，以重大科技项目等为载体，打造了若干以三门峡为代表的资源型城市转型升级研究基地，开展重大科学问题研究与共性关键技术攻关研究。针对中原地区丰富的矿产资源，打造“选矿、冶炼、材料化”生产的全流程化“一站式”技术研发链条，为区域经济社会发展、产业升级提供“高位嫁接”服务，提升实验室协同创新能力，支撑国家战略新兴领域用关键金属和高端材料的安全自主供应。目前，实验室已建立由院士领衔的 6 支科研团队，申请并获批国家级科研项目 13 项，科研经费突破 2 亿元。

## 四、经验启示

要主动对接国家战略布局，坚持“四个面向”，切实做到问题从实际中来、研究从需求出发，把服务国家作为最高追求。

要瞄准重大前沿科学问题，组织跨学科团队，长期坚持、长期积累，突破“卡脖子”问题的基础理论和关键技术。

要根据区域资源特色，主动与区域内行业产业部门和龙头企业对接，充分发挥区位优势和学科人才优势，走好有组织的产学研用深度“四部曲”。

要完善好评价激励机制，让参与承担国家重大攻关任务的各类科研人才更有干劲、更有盼头，让更多参与重大任务的优秀研究生得到成长与锻炼。

# 打造有组织的科研系统，凝心聚力进行原创性、引领性科技攻关

海南大学

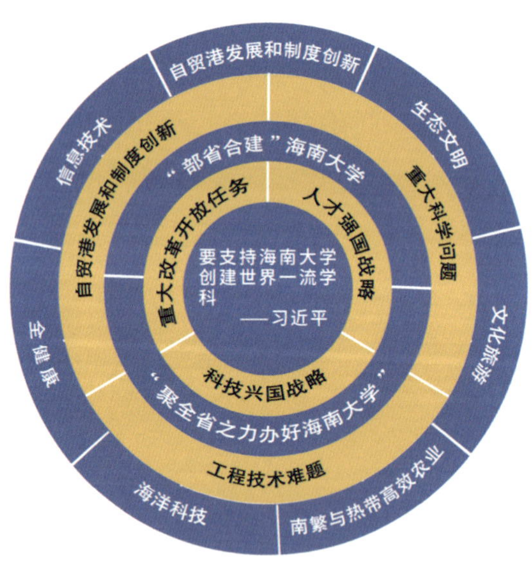


图 78　海南大学紧密对接国家战略和海南产业重大需求，与海南自贸港建设同频共振，围绕七个重点研究领域系统推进有组织的科研创新，组建协同创新中心，凝心聚力进行原创性、引领性科技攻关

## 一、工作背景

党的二十大报告提出，“健全新型举国体制，强化国家战略科技力量”“以国家战略需求为导向，集聚力量进行原创性引领性科技攻关，坚决打赢关键核心技术攻坚战”。海南大学深刻认识到创新在我国现代化建设全局中的核心地位，积极发挥高校作为基础研究主力军和重大科技突破生力军的重要作用，全面融入国家创新体系，努力实现高水平科技自立自强。

## 二、工作内容

近年来，海南大学聚焦“打赢科技创新翻身仗”目标任务，紧密对接国家战略和海南“三区一中心”、四大主导产业以及三大未来产业的重大需求，聚焦关键科学问题和工程技术难题，以解决“卡脖子”问题为目标，以项目为纽带，以创新团队建设和重大科研实施平台建设为抓手，围绕“自贸港发展和制度创新”“生态文明”“文化旅游”“南繁与热带高效农业”“海洋科技”“全健康”“信息技术”七个重点研究领域，系统推进有组织的科研创新，组建协同创新中心。协同创新中心超越了传统的院系组织结构和学科组织界限，高效整合内部多学科优势资源，构建了协同化、集约化的新型科研组织模式。

海南大学协同创新中心的组建与海南自贸港建设同频共振，努力建设成为国内一流的“原始创新策源中心、技术创新研发中心、创新人才培养中心”，凝心聚力进行原创性、引领性科技攻关。通过资源整合，以灵活的体制机制和新的科研组织模式，吸引凝聚一批业内领军人物及其团队，以承担国家重大任务和建设综合性新型智库为目标，不断产生重大协同创新成果，打造“科技攻关、技术研发、人才培养”三位一体的协同创新体系和“政产学研用”一体化协同创新模式。把过去“想干什么就干什么、能干什么就干什么”转变为“国家需要干什么就干什么”“海南自贸港有需求，海大有担当”。建设“大团队”“大平台”，承担“大项目”，产出“大成果”，为海南自贸港建设发展提供支撑引领的创新动力。

## 三、突出成效

海南大学协同创新中心瞄准南繁育种这一国家战略需求，在国家南繁基地核心区建立三亚南繁研究院，聚集250多名高水平科研人员。首批53名科研人员加入崖州湾种子实验室，成为国家战略科技力量。此外，海南大学在海南生态环境状况监测、新药筛选及评价、热带雨林国家公园建设、国际蓝碳研究中心建设等方面也做出了积极贡献。

五年来，获批的国家级科研项目呈爆发式增长，自然科学类累计获批729项，获批经费约4.58亿元，其中2022年获批214项，位列全国高校第46位，较2021年同期增加62项，增幅在获批数量前50名高校中排名第二，较2017年增长165%；人文社科类累计获批207项（含国家社科重大招标项目8个，国家社科重大专项2个），获批经费突破2000万元，其中2022年获批23项（含3个重点项目），位列全国高校第52位。国家杰出青年科学基金、国家优秀青年科学基金、国家重点研发计划、国家重大科研仪器研制项目、国家自然科学基金重点项目、区域创新发展联合基金重点支持项目均取得历史性突破。

高水平论文不断涌现，在《科学》(*Science*)、《自然》(*Nature*)、《细胞》(*Cell*)、《中国社会科学》等顶级期刊上发表高水平论文7200余篇，其中，高被引论文108篇，热点论文8篇。累计获得授权专利和计算机软件著作权2164件，首次获批高价值专利组合项目14项，经费1200万元，占全省的80%。获教育部第八届高等学校科学研究优秀成果奖（人文社会科学）二等奖1项，获省部级以上奖励18项。顺利通过军工二级保密资质认证。罗杰教授负责的热带作物品质育种及绿色生产团队获“第六届全国专业技术人才先进集体”称号；颜洪副教授团队荣获国际顶级设计大奖“红点奖”；海南自由贸易港法律创新团队荣获海南省优秀人才团队称号，并获1000万元资助。

热带作物大型系列研究设施和南海文献信息资源中心建设成效显著，大型系列研究设施（平台）建设进一步强化。新增省部级及以上科研平台 76 个。牵头组织全健康和海洋材料领域 2 个全国重点实验室的申报，参与共建 2 个全国重点实验室。新增“高等学校学科创新引智计划”4 个，实现海南省“111 计划”基地零的突破。海南省南海政策与法律研究中心成功入选“中国大学智库百强排行榜”，名列第 32 位，同时入选中国法学会法治研究基地。“海南省更路簿研究中心”等 8 个研究基地成为海南省社科重点研究基地。

## 四、经验启示

海南大学始终心怀“国之大者”，紧紧围绕国家所需、海南所能、产业所期、民生所盼四个主攻方向开展科技创新，加快推进协同创新中心建设，加强产学研深度融合，进一步加强有组织的科研。一是要深入推进科研管理体制机制改革，着力破除制约创新能力提升的各类障碍，不断完善适应新形势下的科研管理体系，进一步激发教师科研活力。二是要瞄准科学前沿和国家发展的重大需求，着力解决地方经济社会发展的重大需要，以项目为纽带，强化科研创新团队建设和重大科研实施平台建设，打破学科壁垒，开展有组织的科研。三是要坚持需求导向和问题导向，在积极推动学科的交叉融合基础上，推动人文社会科学与自然科学间的对话，凝练会聚型学科群，发展新兴学科。海南大学以推进协同创新中心改革为抓手，着力开辟新领域新赛道、塑造新动能新优势，以科技创新更好支撑海南全面深化改革开放和中国特色自由贸易港建设，为实现中国式现代化做出应有的贡献。

# 加快绿色农药创新，引领农药行业绿色发展

贵州大学

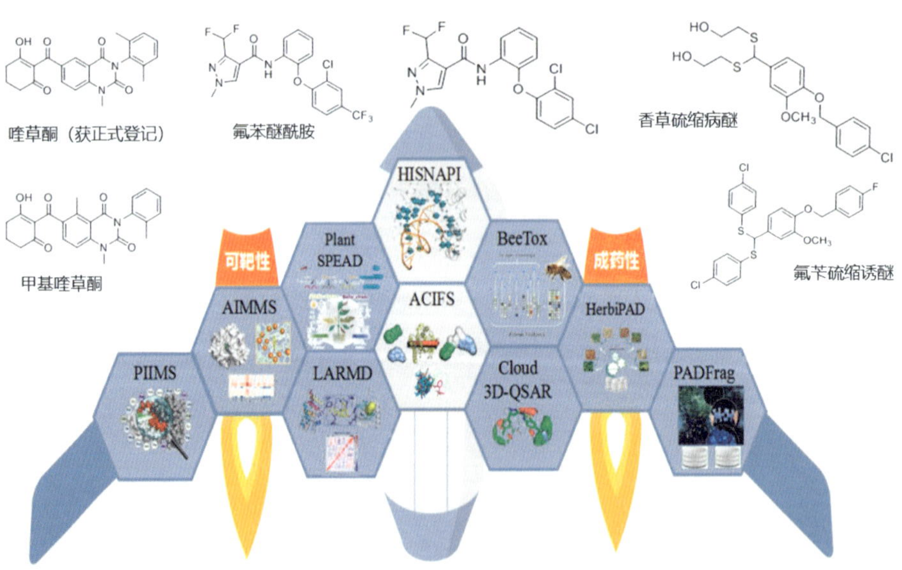


图 79 农药分子涉及平台

## 一、工作背景

习近平总书记指出，粮食安全是“国之大者”。对于拥有十四亿多人口的中国来说，解决好吃饭问题始终是治国理政的头等大事。手中有粮、心中不慌，在任何时候都是真理。然而，我国人口多、耕地少，农业有害生物灾害多发、频发、重发。特别是近年来，水稻“两迁”害虫、草地贪夜蛾、小麦赤霉病、抗性杂草等病虫害频繁爆发，危害巨大，农业有害生物已成为粮食安全生产的主要制约因素之一。据统计，我国粮食作物病虫草害年发生面积高达30亿亩次，经济损失超过千亿元。农药是防控有害生物最经济有效的手段，每年防治挽回粮食产量损失2800亿斤。因此，连续多年的中央一号文件都写入了农药科技的相关内容。

绿色农药具有高效、低毒、低残留、环境友好的特点，是保障粮食安全不可替代的重要战略物资。农药的持续创新、高效利用直接关系我国农业可持续发展和生态环境安全。开展绿色农药创制应用研究，破解农药行业的“卡脖子”难题，对助推我国农药行业以及现代农业的绿色发展具有重大战略意义。

## 二、工作内容

### （一）发挥智库作用，夯实农药行业绿色发展根基

主持完成中国工程院“中国农药绿色发展战略研究”咨询项目，形成《关于加快我国农药产业绿色发展保障国家粮食安全和农产品质量安全的建议》上报到中共中央办公厅、国务院。负责“十四五”国家农药产业发展规划编制，强化顶层设计与政策扶持引导自主创新，优化构建我国农药产业绿色发展的技术体系。针对我国农药创新的卡脖子问题，提出的“绿色农药创新与原创分子靶标”入选中国科学技术协会发布的60重大科学问题和工程技术难题。主编首部《中国农药典》、修编《中国农业大百科全书　农药卷》，出版了《中国农药研究与应用全书》，这些专著成为农药生产、经营、使用、检验、管理及农产品安全等领域遵循

和借鉴的重要典籍和工具书。在中央电视台、中央农业广播电视学校、《农民日报》等平台做科普和科技报告百余次，让公众正确认识和使用农药，谋划、建言农药行业绿色发展。

（二）攻克原创农药研发关键技术，打破国外垄断

构建了以人工智能和大数据等为支撑的农药分子平台，揭示农药分子与靶标的相互作用机制，支撑农药新靶标新机制发现；发展了天然产物仿生农药技术，创制出环吡氟草酮、香草硫缩病醚、氟苄硫缩诱醚、异唑虫嘧啶等新品种，破解“卡脖子”问题；设计和发展原创活化模式和反应策略，实现化学键的定向活化修饰及精准的反应控制，最终实现农药等功能分子的高效绿色构建，如乙蒜素、麦草畏、松脂酸铜、海岛素等农药的生产清洁新工艺并实现产业化，解决了上述重大农药品种清洁化生产问题；阐明海岛素的免疫诱抗机制，帮助实现氨基寡糖清洁生产，支撑正业海岛素发展成为全国重点推广新产品，开发绿色防控技术，累计推广应用逾亿亩，成为我国植物免疫诱抗技术领导者。支撑青岛清原创制出环吡氟草酮、三唑磺草酮、苯唑氟草酮等除草剂，有效解决恶性杂草和抗性杂草防治难题。

（三）研创高效剂型配方先进技术，助力病虫害绿色防控技术

研发出甲维盐和嘧菌酯等系列超低容量制剂，构建了适用于航空植保的配方体系和施药设备，建立了高工效航空施药新技术；以创制新农药、高工效制剂、航空植保等为核心技术，集成了蔬菜疫病、蔬菜病毒病、水稻纹枯病、稻纵卷叶螟、甘蔗螟虫等主要病虫害综合防控技术模式，实现大面积推广与应用。

## 三、突出成效

（一）农药新产品新技术研发破解“卡脖子”难题

研创的超低容量制剂产品占全国市场的100%，航空植保服务占全国航空植保作业总面积的10%，支撑田园公司成为全国高工效农药制剂的领航者；以创制新

农药、高工效制剂、航空植保等为核心技术在 13 省累计推广应用 4127 万亩，作物增产 5% ～ 10%，平均减少用药 20%，农业增收 17.16 亿元。宋宝安院士主持完成的“防治农作物主要病虫害绿色新农药新制剂的研制及应用”获 2019 年国家科技进步二等奖。创制出香草硫缩病醚、氟苄硫缩诱醚等绿色农药新品种，专利转让经费达 5000 余万元。创制的环吡氟草酮、三唑磺草酮等成为我国稻麦田抗性杂草防控的主打药剂，有效解决了抗性恶性杂草防控难题，近三年销售收入 9 亿元，累计推广 7200 万亩次，农业增收 150 亿元。

（二）靶标精准编辑新技术实现原创性突破

与国内外知名高校合作，开发了基于 RNA 表观遗传修饰 N6- 甲基腺嘌呤（m6A）直接提高植物生物量、产量和抗逆的新技术，实现水稻和马铃薯增产达 50%，开辟了植物育种全新方向。研究论文在国际顶级期刊《自然—生物技术》（*Nature Biotechnology*）（IF=54.9）上发表。通过 CP12 基因和 Ubiquitin2 基因的启动子驱动水稻内源 PPO1 和 HPPD 基因大幅表达，实现“基因敲高”，使水稻植株表现出预期的抗除草剂性状，为抗 PPO1 和 HPPD 基因除草剂水稻育种和水稻田杂草防控提供新策略，研究论文发表在国际顶级期刊《自然—植物》（*Nature Plants*）上。

（三）农药及功能分子前沿探索取得原创性突破

开创了系列原创性催化体系和新反应模式，实现农林生物质高值转化和全新骨架活性分子的高效构建，为绿色农药的创制打下坚实基础。在《自然—通讯》（*Nature Communication*）、《美国化学会志》（*Journal of the American Chemical Society*）等高水平刊物上发表学术论文 100 余篇。“华南陆块陆内成矿作用：背景与过程”等 2 项成果荣获贵州省自然科学一等奖。合作教授 Anders Riisager 获 2022 年度“中国政府友谊奖”。

（四）平台和团队建设迈上新台阶

支撑植物保护入选第二轮“双一流”建设学科；新增国家级人才 16 人次，先后入选全国教育系统先进集体、全国脱贫攻坚先进集体和第二批全国高校黄大年式教师团队；获批“2011 协同创新中心”、国家“111”引智基地和“绿色农药全国重点实验室”。

## 四、经验启示

### （一）牢记嘱托，推动农药行业绿色发展

始终牢记习近平同志 2011 年 5 月 9 日视察精细化工研究开发中心学科实验室时提出“希望你们要更加注重应用技术、更加注重推广示范、更好服务三农”的殷殷嘱托，聚焦农药行业绿色发展和农业病虫害绿色防控的科技需求。以习近平新时代中国特色社会主义思想为指导，把全面加强党的建设作为绿色农药创新和应用的力量源泉，推动农药绿色高质量发展。

### （二）始终将人才团队的建设作为学科发展的内生动力

实施“2114”高层次人才计划，引育了国家级领军人才与国家“四青”人才 18 人。基于“聚焦大任务，组建大团队，开展大攻关，解决大问题”的思路，围绕我国主要粮经作物重大病虫草害防控重大科技需求，以绿色农药创新与原创靶标发现“卡脖子”技术为突破口，组建不同年龄层次、多学科交叉、具有良好创新能力的大团队，以重大项目实施作为人才培养的重要载体，以新产品创制为核心任务，采取绿色新农药创制与分子靶标研究、高工效剂型研发、病虫害绿色防控技术研究与集成等农药创制从基础到应用上下游全链条一体化推进的策略，为人才更快提升自身能力、实现自身价值创造了优越的支撑条件和成长环境，为农药行业创新提供可持续的内生动力。

# 着力打造民族学部区合建优势特色学科群

宁夏大学

图 80　民族学虚拟仿真教学实验室

在2021年中央民族工作会议上，习近平总书记指出，必须以铸牢中华民族共同体意识为新时代党的民族工作的主线，推动各民族坚定对伟大祖国、中华民族、中华文化、中国共产党、中国特色社会主义的高度认同，不断推进中华民族共同体建设。围绕如何“铸牢中华民族共同体意识”“怎样推进中华民族共同体建设”等重大理论和实践问题，宁夏大学坚持以习近平新时代中国特色社会主义思想为指导，通过重点建设民族学部区合建优势特色学科群，深入开展了各民族共同开拓辽阔疆域、共同书写悠久历史、共同创造灿烂文化、共同培育精神家园、共同传承历史文脉等方面的教学与研究，在立德树人、科研创新、平台建设和社会服务等方面取得一系列显著成效。

## 一、注重学科交叉融合，强化专业行业协同创新

依托部区合建机制，发挥学科群集聚优势，以新文科人才培养为导向，通过调整优化学科方向布局，统筹宁夏大学中华民族共同体研究院、西夏学研究院（民族学与文化旅游产业研究院）、回族研究院、人文学院历史系相关资源，成立了民族与历史学院，促进学科交叉融合。打造高端学术交流平台，聚焦铸牢中华民族共同体意识教育的重大重点科研项目，推进校内、区内、国内、国际相关专业、行业、专家单位的协同创新。通过集中采购中华传统文化典籍数据库，研发具有自主知识产权的特色资源数据库，建成独一无二的以西夏文献文物为收录对象的数字资料库以及宁夏文化遗产数据库、宁夏岩画数据库；建设虚拟仿真教学实验中心、宁夏云博览馆等高水平新文科数字平台，为铸牢中华民族共同体意识教育的教学科研提供支撑。其中，西夏文献文物数据库是国内外最系统、最全面的西夏学文献资料平台，提升了国际学术话语权。

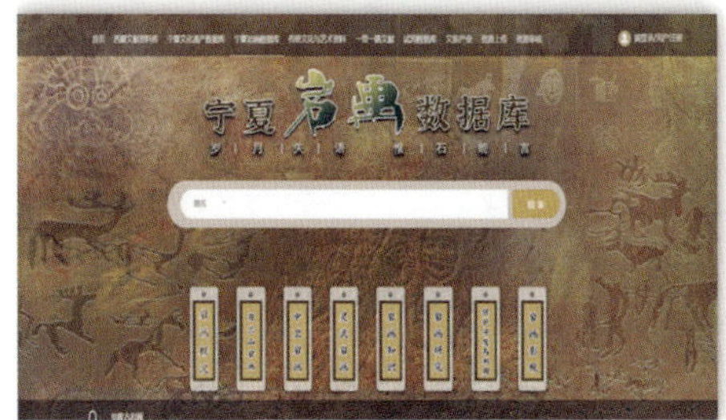

图 81　宁夏大学建成拥有自主知识产权的大型数字资源平台

## 二、创新人才培养模式，形成特色“三全育人”体系

坚持立德树人根本任务，通过将专业教育、党史学习教育与课程思政有机融合，构建起多层次、多类型、立体化的思政协同育人体系。创造性地开展“田野调查思政”，引导广大青年学生在社会实践中深切感受民族团结进步，把论文写在祖国大地上。在第四轮学科评估中，宁夏大学民族学获得 B-。师资团队中 2 人入选国家哲学社会科学领军人才和青年拔尖人才，4 部著作入选国家哲学社会科学成果文库，4 项研究获批国家社科基金重大项目，2 部成果获教育部人文社科优秀成果二等奖。总结形成的“构建铸牢中华民族共同体意识教育体系”获得自治区教学成果奖研究生教育类一等奖，正在推荐参评国家级教学成果奖。

图 82 研究成果入选国家哲学社会科学成果文库

## 三、立足区域优势特色，致力学科学术话语前沿

坚持正确的中华民族历史观，通过阐述中国历史上各民族交往、交流、交融，共创、共享、共传中华文化符号和中华民族形象的重大史实，把中华民族共同体研究引向纵深，增强历史自觉、坚定文化自信，打造具有中国特色、中国风格、中国气派的学科话语体系。深入挖掘黄河文化蕴含的时代价值，重视发展具有重要文化价值和传承意义的西夏学等“绝学冷门”学科，讲好“黄河故事”，传播更多承载中华文化、中国精神的价值符号和文化产品，提升中华文化的国际影响力。

## 四、服务国家地方战略需求，赋能区域文旅产业发展

围绕“一带一路”倡议，铸牢中华民族共同体意识，开展黄河流域生态保护和高质量发展先行区建设及自治区“六新六特六优”产业等工作，深入挖掘和阐释中华优秀传统文化的内涵与价值，产学研用贯通，通过打造新型高端智库，打造文旅文化创意品牌，产出系列高水平应用成果，全面落实学科群对接地方文化

旅游产业和助推铸牢中华民族共同体意识教育的任务。打造了“丝路宁夏”系列文创品牌，学生创新设计团队“丝路宁夏文创——中国西部文化旅游融合发展领跑者”项目获第七届中国国际“互联网＋”大学生创新创业大赛总决赛金奖。

获奖证书

Certificate of Award

岳跃政、苗亚婻、方璐、郎大霖、武晨、王欣怡、刘兴妤、袁依泽、刘乐乐、马浩强、兰海蓓、张曦月、郭琪、王靖雯

你们的作品《丝路宁夏文创——中国西部文化旅游融合发展领跑者》，在第七届中国国际“互联网+”大学生创新创业大赛中荣获金奖

指导老师：王胜泽、曾发茂、于光建、马树华、纪光耀

特发此证，以资鼓励。

主办单位：教育部、中央统战部、中央网络安全和信息化委员会办公室、国家发展和改革委员会、工业和信息化部、人力资源和社会保障部、农业农村部、中国科学院、中国工程院、国家知识产权局、国家乡村振兴局、共青团中央、江西省人民政府

承办单位：南昌大学、南昌市人民政府

中国国际“互联网+”大学生创新创业大赛组织委员会

二〇二一年十月

编号：2021100161

图 83　《丝路宁夏文创——中国西部文化旅游融合发展领跑者》荣获第七届中国国际“互联网＋”大学生创新创业大赛金奖

开展铸牢中华民族共同体意识教育，是高校落实立德树人根本任务、培养社会主义合格建设者和可靠接班人的必然要求和重要要求。做好这项工作，必须旗帜鲜明讲政治，通过课堂讲授、田野调查、科学研究、文创设计等多种途径融入人才培养全过程；必须坚持数字资源库与“新文科平台”建设并重，通过高质量的基础设施建设支撑高质量、高水平的人才培养与成果产出；必须改革创新课程教学模式，构筑以系统掌握学科基础知识为目标，辅以产教融合的实践教学；必须立足社会需求，主动对接自治区产业发展需求，以国家和自治区重大重点研究项目为抓手，着力推动民族学部区合建优势特色学科群的快速发展，力求产出一批高质量的研究成果。

# 第七部分

# 增强改革发展动能

南昌大学：实施学科特区制度，助推学校特色发展

郑州大学：『先上轨道再提速』——推动向研究型大学转型发展

山西大学：健全部省合建对口合作机制，推动中西部高校内涵式发展

石河子大学：以高质量党建引领高质量发展

青海大学：创新对口支援模式，推动学校高质量发展

宁夏大学：深化体制机制改革，助推学校高质量发展

# 实施学科特区制度，助推学校特色发展

南昌大学

图 84　南昌大学国际合作创新研究院授牌仪式

## 一、工作背景

南昌大学坚持人才强校、特色创新、产教融合的发展战略，在新材料创新发展、绿色食品等一流学科（群）创设学科特区，构建以“市场价值”为导向，具有方向特色化、平台功能化、队伍宝塔化、合作国际化、文化制度化特征的“五化”学科建设模式，力行破除“五唯”痼疾，深化教育评价改革，努力探索一条创建“江西底色、中国特色”世界一流大学的特色发展之路。

## 二、工作内容

### （一）坚持创新求变，实现学科方向特色化

聚焦国家战略需求和江西“2+6+N”产业规划，组建新材料创新发展和绿色食品两个学科特区，形成差异化发展的比较优势，以原始创新成果支撑地方发展。新材料创新发展学科群以发光新材料技术为先导，拓展复合半导体、有色金属、电子信息的交叉融合，凝练发光新材料、复合半导体、探测新材料、结构新材料四个方向。绿色食品学科群瞄准食品领域的理论与技术前沿以及热点难点问题，凝练食物组分健康干预研究与应用、食品安全与营养转化工程、食品发酵工程、食品加工关键技术与装备四个方向。

### （二）坚持产教融合，实现学科平台功能化

两个特区实行产学研用紧密结合的企业化运行机制，打造集人才培养、科技创新和成果转化三位一体的“科教融合体”，开展需求引领的基础研究、应用基础研究、关键核心技术和产业共性关键技术协同攻关，推进产学研协同创新。特区已创建国际创新研究院和股份制公司，牵头组建了省级产业链科技创新联合体，正在筹建复合半导体江西省实验室，校地共同投资 9 亿元建设超高温材料和发酵工程大型系列化研究设施，2023 年年底将投入试运营，未来力争建成能代表中国水平的“高精尖重器”。

### （三）坚持人才强校，实现学科队伍宝塔化

推行“核心教授＋创新团队”模式，组建由院士领衔，国家级人才为方向带头人，青年高层次人才为骨干，研究生、实验和工程技术人员为基础的“宝塔型”学科团队。特区开辟人财物资源倾斜与特事特议特办的绿色通道，实行“按需设岗、淡化身份、竞聘上岗、按岗聘用、合同管理”的岗位制度，建立健全以“创新质量和服务贡献度”为导向的人才评价体系，为打造创新人才“蓄水池”、科技创新“动力源”提供政策和制度保障。

### （四）坚持开放提升，实现学科合作国际化

融入“一带一路”建设，以承办国际产学研用合作会议为契机，依托优势特色学科，开展高层次、实质性、可持续的国际合作。构建“政府主导、市场引导、企业主体、学校主为”的互动合作机制，完善跨学科跨区域联合攻关、人才培养、成果转移转化的机制，汇聚国内外优质资源，贯通教育链、人才链、创新链、产业链，助力江西电子信息、有色金属、食品、半导体照明、虚拟现实等产业高质量创新发展。

### （五）坚持多发光、少发热，推进学科文化制度化

以“坚定信念、艰苦奋斗，实事求是、敢闯新路，依靠群众、勇于胜利”的井冈山精神为指引，树牢“把论文写在祖国大地上”的观念，凝练了“多发光、少发热”（即多做实事、少凑热闹）的学科文化，大力加强有组织的科研活动，营造追求真理、勇攀高峰、淡泊名利、潜心研究、集智攻关、团结协作的学术与学科氛围。

## 三、突出成效

### （一）科技创新成果持续突破

承担发光新材料建设任务的国家硅基 LED 工程技术研究中心二十年磨一剑，创造了一条具有完整自主知识产权的 LED 技术新路线，在半导体发光新方向上形

成了国际优势和长板，成果获得国家技术发明奖一等奖和全球半导体照明突出贡献奖。绿色食品学科群在多糖结构与构象等领域取得具有国际影响力的原创性理论成果，高压射流磨核心组件和智能化胃肠道模拟全自动装置实现国产化制造，益生菌发酵果蔬等研究达到世界一流水平并形成示范效应。

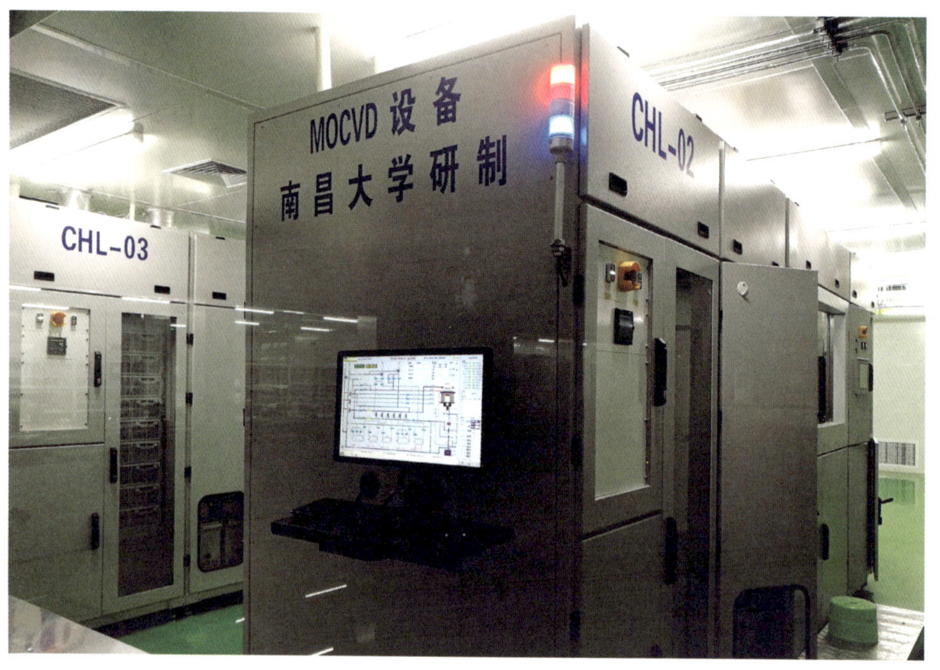


图 85　南昌大学国家硅基 LED 工程技术研究中心自主研制的生产型 LED 制造高端装备——MOCVD 设备（60 片机）

### （二）人才培养质量渐见成效

特区内的“企业化”科教融合平台经过多年探索，形成了科研创新、成果转化和研究生培养“三赢”的局面。国家硅基 LED 工程技术研究中心培养的百余名研究生，荣获国家技术发明奖一等奖 2 人次，省部级科技奖 21 人次，国际国内行业协会奖励 6 人次，留校毕业生已成为学科持续发展的关键力量。绿色食品学科群立德树人成效显著，荣获“全国教育系统先进集体”“全国创先争优先进基层党组织”等称号，近400人次研究生获国家级或省部级的奖励，研究生作为第一作者在高水平期刊发表文章年均超过250篇（一区文章达50%），ESI高被引论文44篇，授权发明专利246件。

（三）支撑产业发展贡献突出

江风益院士领衔的学科团队，研发的核心技术在江西已孵化上、中、下游企业20余家，年销售收入超30亿元，每年带动全国下游应用超过200亿元产值。谢明勇院士团队带领的绿色食品学科群立足江西特色农产品资源，在益生菌发酵果蔬等领域的研究成果达到世界一流水平，与20余家企业开展合作，技术成果产业化实现销售收入超100亿元。

## 四、经验启示

（一）创新管理运行机制是建立学科特区的重要前提

学科特区坚持“四个面向”，抓牢主动融入国家战略和积极服务地方经济社会发展两个着力点，凝练特色方向，汇聚多元资源，构筑“宝塔型”人才梯队，创新科研组织形式，充分发挥人财物等自主权限，探索学科差异化发展的全新建设模式，塑造了学科发展的新动能新优势。

（二）开展教育评价改革是建好学科特区的重要举措

学科特区坚持以贡献论英雄，构建新的职称评聘及岗位聘用管理体系，推行以“创新质量和服务贡献度”为导向的人才评价体系，实施“同台竞技、同轨运行、合同管理”的薪酬结构及科研资源配置改革，激发了学科团队的发展动力和创新活力。

（三）深化科产教融合是建强学科特区的重要途径

学科特区坚持产学研用深度融合，积极探索基础研究与技术创新协同、装备制造与工艺技术协同、多学科协同、上中下游技术链产业链协同、产学研协同的五大协同创新模式，健全科技成果转移转化体系，打造了人才培养、科技创新和成果转化三位一体的科教融合体，不断提升学科的科技创新能力和社会服务能力。

# “先上轨道再提速”——推动向研究型大学转型发展

郑州大学

图 86　2020 年 9 月 17 日，郑州大学召开“双一流”建设周期总结自评会

以部省合建为标志，郑州大学进入“一流大学＋部省合建”内涵建设发展新格局。部省合建以来，郑州大学紧紧把握这一重大历史机遇，努力构建部、省、对口高校和自身四方联动的合作机制，全面推动研究型大学的治理改革与转型，实现学校快速发展，自身发生深刻变化。

## 一、工作背景

郑州大学切实提高站位，推动各项政策精准落地，把部省合建作为优化办学体制机制、对标部属高校加快转型发展、提升内涵力、促一流建设的关键机遇。围绕贯彻李克强总理对郑州大学提出的“要在中原崛起中立起标杆，成为人才聚集的高地和人才培养更高的平台”“要坚持科技创新，力争获得更大的突破，走在全国高校的前列”“要用心、用力，共同努力把郑州大学办得更好”等重要指示精神，贯彻落实《教育部、河南省人民政府部省合建郑州大学工作手册》，找准部省合建工作定位，扎根中原大地起高峰，努力实现向研究型大学的“变轨”发展。

## 二、工作内容

坚持综合性研究型大学办学定位，以“学科有基础、河南有需要、区域有资源”为原则，推动学科重构，优化学科布局，形成转型发展良性生态；以研究型大学治理结构改革为主导，推进师资队伍、学术组织、人才培养结构改革，形成特色鲜明的研究型大学治理体系与特色文化体系。

### （一）综合性大学的学科重构与布局

实施“‘6’＋‘3’”的一流学科布局，推动3个国家认定的一流建设学科优先突破。构筑综合性学科体系，按照“一流引领、梯次发展、整体推进”的工作思路，遴选并布局建设12个特色骨干学科，形成一流学科、优势特色与重点学科、基础与新兴交叉学科三级学科体系。以高端平台布局加速学科发展与学术提升，建立省科学中心，形成基础研究高地，引领基础学科建设；谋划河南省实验室等重大平台，打造战略技术高地，引领材料科学与工程、化学、临床医学一流学科建设。以法人学术单位和校地协同拓展学科方向与资源，与具有独特资源优势的独立法人单位合作，在不改变合作单位法人属性的前提下，共建学科平台、拓展学科方向。

（二）基于研究型大学定位的结构性改革和文化建设

1. 人才培养体系建设

优化本研比，推动以结构优化为基础的人才培养体系建构，坚持以创新为引领，注重通过知识生产的过程培养人才。

2. 师资队伍建设

实施领军与拔尖人才、师资博士后和专职科研人员 3 个“千名人才计划”，着力培养和引进一批满足国家战略需求的一流科学家、学科领军人物与学术骨干。

3. 学术组织改革与体系建设

以学科研究院为“横梁”、以系或所为“立柱”，构建“π”型学科架构，加强基层学术组织建设与改革，推进学科知识体系和组织体系“双体系”建设。

4. 文化体系建设

确立 92 年的办学历史和基于三校合并的校庆日，凝练历史沉淀与大学精神，确立“求是、担当”的校训，提炼“追求卓越”的郑大（荷球）精神。

## 三、突出成效

经过四年多的奋力发展，郑州大学学科生态和治理体系发生深刻变化，整体办学水平和创新服务能力显著提升，在原始创新、“卡脖子”技术突破、服务区域经济发展和人民健康、支撑国家战略等方面取得标志性成果。

作为全国人才培养规模最大的高校，承担河南近 1/2 博士、1/3 硕士、1/2 进入一流大学学生的培养任务。实施人才强校战略，突出高端引领，推进结构优化，初步形成一支以学术大师为引领的师资队伍。3 个学科进入全球前 1‰，16 个学科进入全球前1%，总体排名进入全球前0.43‰，国际350位、国内27位。省部共建食管癌防治国家重点实验室获批建设，国家超级计算郑州中心通过科技部验收，牵头组建中原关键金属实验室、龙门实验室、嵩山实验室、天健先进生物医学实验室等7家河南省实验室。在ITO平面靶材关键成形技术、国家战略用航天和军工塑料制品成型和模具技术、人类辅助生殖技术、苯选择加氢制环己烯催化技术等领域实现重大突破。

## 四、经验启示

坚持办学定位，以办学定位牵引学校转型发展与内涵建设，在“变轨”基础上提速发展，着力建成有特色的高水平的综合性研究型大学。

坚持学术引领，牢固确立学术至上的理念和行为指南，以学术产出为基础，瞄准学术前沿，强化知识创新创造，切实服务区域需求和国家战略。

坚持人才战略，不拘一格用人才，大力倡导实干创实绩、拼搏求贡献的鲜明导向，聚焦发展的核心任务和重点领域，加大领军拔尖人才、青年才俊和创新团队的引培力度。

坚持育人为本，深入落实立德树人根本任务，推动人才培养体系重构与模式改革，全面深化教育教学改革，不断提高育人育才能力，促进学生全面发展。

坚持组织强化，推进综合改革，完善基层学术组织，激发基层学术活力，进一步优化管理架构和管理体制，提升管理效能，树立务实奋进的管理作风。

坚持开放发展，强化内部开放，积极推动跨学科和学院的学科布局和人才培养，依托优势资源拓展大学发展格局，提升学校国际影响力。

# 健全部省合建对口合作机制，推动中西部高校内涵式发展

山西大学

图 87　2022 年山西大学物理学拔尖学生培养基地新生开班仪式

## 一、工作背景

部省合建是优化高等教育布局，推动中西部高等教育振兴的重大战略举措。教育部把对口合作作为部省合建的重要措施，安排 37 所直属高校对 14 所部省合建高校进行对口支持，以培育发展优势特色学科群、推进产学研协同创新为重点，以服务地方主导产业发展为导向，大力提升部省合建高校内涵式高质量发展水平。

北京大学是对口支持山西大学的四所直属高校之一。2018 年，教育部印发《关于调整部省合建高校对口合作安排的通知》后，山西省委、省政府及北京大学、山西大学对此均高度重视，因地制宜、因校制宜探索对口合作新模式新路子，通过平台建设、人才培养、协同创新、学术交流等方式，支持山西大学争创“双一流”，推动山西大学实现内涵式高质量发展。

## 二、工作内容

在教育部支持下，山西省与北京大学签订省校战略合作协议，将北京大学支持山西大学作为重要内容之一，推动山西大学与北京大学签订《北京大学支持山西大学建设与发展实施方案》。

### （一）学科建设

北京大学发挥学科优势，通过精准施策、合作共建等方式，支持山西大学物理学、哲学等优势特色学科提升建设水平。选派 12 名专家学者（其中院士 3 名）担任山西大学化学、哲学、环境、物理等 4 个学科建设指导委员会主任、委员，化学学科林建华教授、哲学学科赵敦华教授、物理学科龚旗煌院士分别担任相关学科建设指导委员会主任。

### （二）人才培养

围绕创新教育教学理念、完善专业课程体系、改革教育教学方式、共享名师名课优质教学资源等内容，北京大学支持山西大学提升本科生培养质量。通过加强博士点建设、硕士点建设、导师队伍建设、课程资源建设等方式，支持山西大学创新研究生教育模式。通过联合培养的方式，支持山西大学在职教师攻读北京大学博士学位，双方联合培养博士生 48 人。

（三）科学研究

北京大学利用科研优势，支持山西大学组建高水平科研团队、举办高水平学术活动、申报重点科研项目。围绕山西经济转型和产业升级的迫切需求，将山西大学作为北京大学服务山西发展的重要支撑，推进重大产业项目和新型高度智库建设，促进科研成果转化。双方开展了北京大学云冈学研究中心、北京大学山西碳基薄膜电子研究院、固废资源循环利用协同研究中心、煤基固废资源循环利用重点实验室等重大合作项目。合作获批国家自然科学基金重点项目 1 项、联合基金重点项目 1 项、国家社科基金重大项目 1 项。

（四）队伍建设

北京大学先后选派 2 名优秀干部担任山西大学党政正职，选派 2 人挂职担任山西大学副校长，2 人担任山西大学部门正职，2 人担任学院院长。山西大学积极争取北京大学高级专家、管理骨干到山西大学任职或挂职；推荐高层次人才到山西大学担任兼职教授、特聘教授，开展各类高水平学术合作与交流；推荐优秀博士毕业生到山西大学工作。

（五）国际合作

北京大学利用国际合作优势资源，支持山西大学与国际高水平大学、科研院所开展深入合作与交流，支持山西大学参与举办高级高层次学术活动、开展国际科研合作、发表高水平国际论文。山西大学 20 名学生在北京大学支持下出国研修。

## 三、突出成效

部省合建对口合作显著推动了山西大学内涵式高质量发展。山西大学入选新一轮“双一流”建设高校，哲学、物理学两个学科入选“双一流”建设学科；获得国家自然科学二等奖、国家科技进步二等奖、教育部第八届高等学校科学研究优秀成果奖（人文社会科学）一等奖，极端光学协同创新中心入选教育部首批省部共建协同创新中心；获批国家级一流本科专业建设点 42 个，物理学成为山西省首个教育部基础学科拔尖学生培养计划 2.0 基地。2018 年以来，培育和引进杰出青年、“长江学者”、优秀青年、“青年千人计划”、“万人计划”入选者等拔尖人才 19 人次。

## 四、经验启示

### （一）高度重视，高位推动

部省合建是支持中西部高等教育的重大创新举措，需要不断完善“四方联动”的合建机制，发挥部、省、校多方的积极性。教育部的高位指导和山西省委、省政府的高度推动，为山西大学与北京大学的对口合作提供了重要的保障。

### （二）聚焦学科，集中发力

两校把合作重点放在优势学科建设上，北京大学集中发力，支持山西大学哲学、物理学两个优势学科完善学科规划，引育人才团队，争取重大项目，开展科研创新，有效发挥了优势学科的引领带动作用。

### （三）对接需求，共建平台

两校在对口合作中紧密结合山西文化、产业优势，对接山西经济社会发展需求，围绕云冈学、考古学、生态保护和资源利用等领域共建多个高水平学科平台，显著提升了山西大学服务区域经济社会发展的能力。

# 以高质量党建引领高质量发展

石河子大学

图 88 石河子大学组织新进教师参观魏德友爱国主义教育基地

## 一、工作背景

全面从严治党是协调推进“四个全面”战略布局的根本保证，是党的十八大以来党中央抓党的建设的鲜明主题。石河子大学党委把党要管党、全面从严治党贯穿办学治校、教书育人全过程，以加强党的长期执政能力建设、先进性和纯洁性建设为抓手，以高质量党建引领学校事业高质量发展，为加快一流学科建设、实现高等教育内涵式发展，推动立德树人同新时代党的治疆方略和对兵团的定位要求深度融合提供坚强政治保证、思想保证和组织保证。

图 89 石河子大学支教学生为少数民族学生开展课后辅导

## 二、工作内容

### （一）不断凸显党在总揽全局中的领导核心作用

学校党委充分发挥政治核心作用，把党管办学方向、党管改革发展、党管干部人才落到实处，从“培养什么人、怎样培养人、为谁培养人”的站位和需求出发，选优配强基层党组织党委书记和领导班子，班子成员的年龄、知识、学缘等结构得到明显优化。出台《石河子大学学院党委会会议议事规则》《各级党委（党总支）全面从严治党主体责任清单》以及整治形式主义、官僚主义专项工作实施方案等一系列规章制度，通过"三级书记"述党建考核等不断优化完善党建工作的长效机制，推动党建引领与中心工作双向融合，在全校形成了大抓基层、真抓基层的良好态势。

图 90　机械电气工程学院农业机械工程系教师、中国工程院院士陈学庚研究员为少数民族学生讲述兵团农机发展史

（二）全面强化基层党组织的战斗堡垒作用

连续三年实施校、院、系三级党组织"对标争先"建设计划，着力解决基层组织弱化、党员意识淡化、党内生活虚化以及党建和业务"两张皮"、党建工作保障条件不到位等突出问题，持续强化凸显基层党组织的政治功能和组织功能，为充分发挥基层党组织统一思想、凝聚人心、增进共识的优势和作用奠定基础。目

前，已培育创建校级党建工作“标杆学院”7个、“样板支部”30个、“研究生党员标兵”20个，培育“双带头人”教师党支部书记工作室5个，“双带头人”教师党支部书记百分百全面覆盖。培育创建全国党建工作“标杆院系”3个、“样板支部”5个、“双带头人”教师党支部书记工作室1个、“研究生党员标兵”2名。

### （三）充分发挥党员模范带头的示范引领作用

把理想信念贯穿党员日常教育和管理始终，通过深入开展铸魂、宗旨、强基、引领四项行动，教育党员担当作为在前、吃亏奉献在前、模范引领在前，注重在兵团向南发展、深化改革创新、一流学科建设等急难险重工作任务中培养提升党员的责任意识、担当能力和斗争精神。新冠病毒感染疫情发生以来，在各级党组织书记和党员干部的带领下，广大师生主动投身疫情防控第一线，以石河子大学医护人员为主体的兵团首批援鄂医疗队（临时党总支）荣获全国抗疫先进集体、全国先进基层党组织荣誉称号，1人荣获全国抗疫先进个人荣誉称号，8名医护人员火线入党。

## 三、突出成效

2019年至今，石河子大学先后入选“全国文明校园”“全国党建工作示范高校”“全国民族团结进步示范单位”，获批首批全国高校毕业生就业能力培训基地，新增学位点总数居全国高校第一，填补了理学门类一级学科博士点和专业学位博士点2个空白，学科布局得到进一步优化。2022年，石河子大学再次入选新一轮国家“双一流”建设高校，4个学科进入ESI全球学科排名前1%。石河子大学毕业生就业率连续多年稳居新疆高校前列，60%以上的毕业生留在新疆和兵团就业，成为可堪大用、能担重任的西部建设者，为形成新时代兵团维稳戍边新优势提供了坚实的人才和智力保障。

## 四、经验启示

### （一）以增强政治功能为首要任务

政治功能是基层党组织的“魂”。高校基层党组织要把党的政治建设摆在首位，把牢办学的正确政治方向，坚定干部师生政治信仰，突出育人工作的政治标准，提高领导干部政治能力，加强党对教学、科研、群团等社会组织的政治领导，保证监督党的教育方针的贯彻执行。

### （二）以凸显教育功能为重要抓手

教育功能是基层党组织的“脉”。高校基层党组织要把立德树人作为中心环节，全面贯彻党的教育方针，把加强师生理想信念教育放在首位，促进专业知识教育和思想政治教育相融合，培养堪当民族复兴大任的时代新人。

### （三）以强化服务功能为根本取向

服务功能是基层党组织的“根”。高校基层党组织要打通服务师生“最后一公里”，发挥战斗堡垒作用，既要强化服务师生的意识，还要为学校改革发展大局提供坚实支撑，更要为建设教育强国、实现中华民族伟大复兴中国梦夯实基础。

### （四）以建强带头人队伍为关键之举

带头人队伍是基层党组织的“领头雁”，党支部书记是基层党组织的带头人。要加强高校基层党组织带头人队伍建设，完善工作机制、配强班子、注重教育培训、突出引领示范，培养选拔一批政治过硬、业务精湛、敢于担当、作风正派的基层党组织带头人队伍，发挥“头雁效应”。

### （五）以夯实党建责任为根本保证

夯实党建责任是基层党组织建设的“牛鼻子”。党组织书记要增强“第一责任人”意识，坚持“书记抓、抓书记”，领导班子成员和各级领导干部要履行“一岗双责”。有关部门要各负其责、密切配合，形成抓基层党建工作的合力。要严格述职评议考核，推动责任层层传递、压力层层传导、任务层层落实。

# 创新对口支援模式，推动学校高质量发展

青海大学

图 91 2021 年 9 月，青海大学召开对口支援青海大学二十周年工作会议

## 一、工作背景

2001 年教育部印发《关于实施“对口支援西部地区高等学校计划”的通知》，全面启动高校对口支援工作，拉开了清华大学对口支援青海大学工作的序幕。2018 年，教育部正式启动部省合建工作，增列上海交通大学、北京化工大学对口支援青海大学，形成了在清华大学全方位对口支援的框架下，六所高校共同对口支援青海大学相关学科发展的模式。六所支援高校把对口支援工作作为政治任务、全员任务、长期任务，助推青海大学从一所名不见经传的西部普通高校，先后成为国家“211 工程”重点建设大学、“双一流建设”和“部省合建”高校，给青海高等教育注入了巨大活力，产生了积极的示范效应。

## 二、工作内容

### （一）完善工作机制

发挥部省合建“四方联动”优势，不断完善对口支援工作机制，推动工作重心下移和落地生效，在干部选派、联合培养、师资交流、项目合作、战略咨询等方面创新机制，构筑了行之有效的工作模式，形成“每 5 年签订一次对口支援协议，每年制定一次对口支援工作计划，每年召开一次对口支援工作总结会议”的工作机制，实现了对口支援工作顶层设计和细化落实的有效衔接。

### （二）实施人才强校战略

围绕学校重点发展领域，以引进首席科学家为突破口，引领高水平教学科研团队发展。实现了对口支援以智力和技术的“单向输出”为主到实现“共赢”“多赢”为主的智力引进转移。通过干部挂职、定向培养、进修学习、骨干培训、联合科研等多种方式，全面提升青海大学人才队伍的整体素质，着力破解发展瓶颈。

### （三）培育优势特色学科

围绕国家和区域发展战略，在做强做大三江源生态、高原农牧业、高原医学等传统特色学科基础上，不断优化调整学科专业布局，借力对口支援，先后组建了生态环境工程学院、地质工程系、计算机技术与应用系、能源与电气工程学院，增设“环境生态工程”“生态学”“能源化学工程”等战略性新兴产业相关专业。全面推进生态学一流学科、中（藏）医药、三江源水文水资源、盐湖化工、清洁能源等新型特色优势学科发展。

### （四）有组织开展科研研究

发挥支援高校学科专业优势，瞄准区域经济社会发展卡脖子技术关键，柔性引进支援高校专家学者，联合搭建科研平台、联合申报科研项目、联合开展科研攻关、学科对接产业发展，全面提升学校高层次人才培养、科学研究和社会服务能力。

### （五）科学谋划顶层设计

支援高校指导青海大学编制完成《“十三五”发展规划》《“十四五”发展规划》《“十三五”深化综合改革提升综合实力总体方案》《统筹推进世界一流大学和一流学科建设的总体方案》《青海大学高质量发展总体方案》《盐湖化工大型系列研究设施平台建设实施方案》，指导学校不断明确发展定位，厘清发展思路，完善内部治理结构，推进特色发展、内涵发展和高质量发展。

## 三、突出成效

### （一）高水平创新团队建设取得显著成效

用好对口支援引智政策，引进王光谦院士“空中水资源”团队，董家鸿院士“包虫病”团队，梅生伟教授“新能源光伏”团队，徐世爱教授“盐湖功能材料开发及应用”团队等一批高水平科技创新团队，打造段雪院士团队领衔的“部省合建盐湖化工大型系列研究设施”，充分借助清华大学计算机系对口青海大学计算机系持续打造“智能超算平台”。依托传统优势特色学科，加强高原医学、高寒草地生态、高原畜牧业、高原种质资源等地方优势创新团队建设，青海省十大农牧业科技创新平台首席科学家全部由青海大学专家教授担任。

（二）师资队伍水平能力显著提升

专任教师中具有博士学位人数从2017年的307人增至624人，占比从21%提高到43%，目前尚有235名教师在职攻读博士学位。75人入选“长江学者奖励计划”“国家杰出青年科学基金”“百千万人才工程”“万人计划”“全国创新争先奖”等国家级人才项目，500余人入选“青海学者”“高端创新创业人才”等省部级人才项目。获批1项高等学校学科创新引智计划。2个团队入选“全国高校黄大年式教师团队”，并获得教育部创新团队发展计划滚动支持。

（三）学校综合办学实力显著提升

学校两轮次入选国家“双一流”建设高校，生态学入选世界一流建设学科，新增4个一级学科博士学位点。获国家教学成果二等奖1项，省级教学成果奖8项。计算机团队获全球ASC超算竞赛一等奖2次，跻身世界前十强。在第七届中国国际“互联网+”大学生创新创业大赛中获1金1银5铜，实现青海省在该赛事取得首枚金牌的历史性突破。获国家科技进步二等奖1项，省部级科研奖励33项。获3项青海省科学技术重大贡献奖（全省每年设奖1项）。主持8项科技部重点研发计划项目，年度科研到账经费突破3亿元。

图92 2021年5月12日，青海大学与清华大学、暨南大学等高校同获ASC20-21世界大学生超级计算机竞赛总决赛一等奖

## 四、经验启示

### （一）坚持把用好政策作为对口支援工作的有力保障

对口支援是我国高等教育管理体制机制的一项重大改革创新，也是中国特色社会主义制度优越性的重要体现。尤其是2018年部省合建工作启动以来，落实四方责任，坚持多方联动，赋予了对口支援工作的新内涵。教育部、青海省人民政府、支援高校和青海大学均坚持把对口支援工作纳入发展规划和年度工作计划，成立专门工作机构，设立专门工作经费，制定了相关政策，搭建了若干平台，实施了系列项目，有力有序有效推进了对口支援工作。

### （二）坚持发挥选派校长优势，形成了特色鲜明的对口支援扶智模式

20年来，清华大学先后选派李建保、陈强、梁曦东、王光谦和史元春5位知名学者出任青海大学校长，形成了对口支援工作最大的亮点，一批批知名专家学者出任青海大学职能部门、教学院系和重要科技创新平台的负责人，一流高校、一流专家、一流的办学理念和发展思路，引领青海大学高质量发展，成为中国高等教育对口支援的楷模。

### （三）坚持发挥受援高校的主观能动性，感恩奋进，主动作为

青海大学全体师生在支援高校的帮扶下，激发了办学治校的内生活力，坚定了办好西部高校的信心和决心，在工作中积极作为，争先创优，不辱使命，开拓创新，为建设有特色、高水平的现代大学做出了应有的贡献。

# 深化体制机制改革，助推学校高质量发展

宁夏大学

图 93　2022 年 4 月 27 日，宁夏大学首个书院“博雅书院”在中卫校区揭牌成立

2018年9月10日，习近平总书记在全国教育大会上强调，要深化办学体制和教育管理改革，充分激发教育事业发展生机活力。这为新时代推进高校教育改革指明了前进方向、提供了根本遵循。目前，宁夏大学正处在“部区合建”与“双一流”建设同步推进的关键时期，为全面贯彻落实习近平总书记重要讲话精神，把宁夏大学建设成为区域特色鲜明、服务地方能力突出的西部一流大学，根据学校“十四五”事业发展规划和学校第七次党代会精神，宁夏大学先后实施了大部制、大学工、书院制、学部制等一系列改革举措，全面推进学校教育综合改革。

## 一、全力以赴推动“大部制”“学部制”改革

瞄准“大部制”改革方向，整合组建了学生工作委员会、本科生院、研究生院、教学运行保障部、科学技术研究院、宁夏大学法制工作办公室等机构，探索扁平化管理模式，建立运行高效的管理运行机制，提高治理体系和治理能力现代化水平。积极深化学部制改革，把相同、相近学科的学院进行梳理和重组，全面实施学部制，拟设立农林与生态学部、数理与信息学部、人文与民族学部、教育与社会学部、哲学与艺术学部、工程与地理学部、生命与食品学部、前沿科学与技术学部、终身教育学部等9个学部，实现学部制改革在宁夏大学的全覆盖，全力推动学科交叉，着力提升学校学科建设效能。

图94 2022年7月1日，宁夏大学举行新成立教学科研单位授牌仪式

## 二、持之以恒推动学生管理、教学科研单位改革

构建高校思想政治工作体系，成立了学生工作委员会、博雅书院（中卫校区），通过“大学工”“书院制”实现“一站式”综合管理，探索学生社区综合管理服务新模式，为学生心智和体魄的成长、素质和能力的提升、学业和实践的精进提供广阔空间。进一步加强学院与科研机构深度融合，推进科研组织模式与人才培养有效衔接，深化科研组织模式改革，推动教学科研协同创新，曾经独立设置的 13 个科研单位全部与学院实现了融合，助推学科和学校的快速发展。

## 三、坚持不懈推动学院建设供给侧改革

主动适应国家战略任务和自治区经济社会发展方向，凸显宁夏重点产业，拓宽办学领域，优化学科组合，实施一系列学院建设改革措施。主要是，优化西北土地退化与生态恢复国家重点实验室培育基地、资源环境学院（环境工程研究院）等相关单位学科和专业设置，成立了生态环境学院、地理科学与规划学院；推动“铸牢中华民族共同体意识”研究工作及部区合建民族学学科群和民族学一流学科建设，成立了宁夏大学中华民族共同体研究院；统筹推进化学工程与技术一流学科建设，成立了化学化工学院（省部共建煤炭高效利用与绿色化工国家重点实验室），并印发了《关于加强支持省部共建煤炭高效利用与绿色化工国家重点实验室建设的若干意见》；精准对接自治区“六新六特六优”产业发展战略，主动融入自治区“推动以光伏制造业为代表的新能源产业发展”的重大需求，成立了材料与新能源学院；统筹宁夏大学中华民族共同体研究院、西夏学研究院（民族学与文化旅游产业研究院）、回族研究院、人文学院历史系相关资源，成立了民族与历史学院；统筹文化旅游学院、商学院、智能工程与技术学院及中卫校区公共教学部，成立了前沿交叉学院，推动多学科交叉融合和协同创新。

通过改革，宁夏大学各项事业迈上了新台阶、站上了新起点，学校治理体系

和治理能力现代化水平得到进一步提高。一是机构整合降低了行政管理运行成本。科学设置学校职能部门，实现了机构整合和扁平化管理，减少了部门机构数量，健全完善了各类办事流程，形成管理服务的闭环，从体制机制上解决了职能部门间权责交叉分散的多头管理和人员配置不合理的现象，构建“一个龙王管到底”的协同治理格局，达到了“修身增效”的效果。二是职能转变促进了部门同频共振。通过明确大学工、书院、学部的职责，加快其职能转变，相互协调，形成有效共振，构建“通识教育＋专创融合＋个性化多元教育”的协同发展新格局，重构学院、学部组织形态，实现“一站式”学生社区综合管理体系，打通育人“最后一公里”，进一步促进宁夏大学优良传统和人文精神的传承，激发学生的家国情怀和担当意识。三是优化治理提振了干事激情。随着学术治理体系的逐步完善，进一步激发了学院活力及广大教师教书育人、干事创业的积极性和主动性，促进了学科交叉融合，构建了“学校—学部—学院”治理体系，创造了有利于高等教育发展的良好教书育人环境，更好地落实立德树人根本任务，提高宁夏大学高水平大学建设的综合竞争力，增强师生获得感、满意度。

改革是一项系统性工程，不可能一蹴而就。从中，我们也深刻体会到：机构改革必须要牢牢坚持“立德树人，服务优先”基本原则，以“职能转变”为抓手，厘清部门职责，加快职能转变，切实把该放的放到位，该管的管理好；必须要大力保护和激发学院办学主体地位和活力，逐步增强学院人财物等资源配置权；必须持续深化拓展教学、科研领域“放管服”，为教师减负松绑，营造良好教书育人环境。